Treize verbes pour vivre

T0204522

Œuvres de Marie Laberge

Romans

Ceux qui restent, Éditions Québec Amérique, 2015.

Mauvaise foi, Éditions Québec Amérique, 2013.

Revenir de loin, Les Éditions du Boréal, 2010.

Sans rien ni personne, Les Éditions du Boréal, 2007.

Florent. Le Goût du bonheur III, Les Éditions du Boréal, 2001 ; Paris, Éditions Pocket, 2007.

Adélaïde. Le Goût du bonheur II, Les Éditions du Boréal, 2001 ; Paris, Éditions Pocket, 2007.

Gabrielle. Le Goût du bonheur I, Les Éditions du Boréal, 2000 ; Paris, Éditions Pocket, 2007.

La Cérémonie des anges, Les Éditions du Boréal, 1998.

Annabelle, Les Éditions du Boréal, 1996.

Le Poids des ombres, Les Éditions du Boréal, 1994.

Quelques Adieux, Les Éditions du Boréal, 1992 ; Paris, Anne Carrière, 2006.

Juillet, Les Éditions du Boréal, 1989 ; Paris, Anne Carrière, 2005.

Théâtre

Charlotte, ma sœur, Les Éditions du Boréal, 2005.

Pierre ou la Consolation, Les Éditions du Boréal, 1992.

Le Faucon, Les Éditions du Boréal, 1991.

Le Banc, VLB éditeur, 1989 ; Les Éditions du Boréal, 1994.

Aurélie, ma sœur, VLB éditeur, 1988 ; Les Éditions du Boréal, 1992.

Oublier, VLB éditeur, 1987 ; Les Éditions du Boréal, 1993.

Le Night Cap Bar, VLB éditeur, 1987 ; Les Éditions du Boréal, 1997.

L'Homme gris suivi de Éva et Évelyne, VLB éditeur, 1986 ; Les Éditions du Boréal, 1995.

Deux Tangos pour toute une vie, VLB éditeur, 1985 ; Les Éditions du Boréal, 1993.

Jocelyne Trudelle trouvée morte dans ses larmes, VLB éditeur, 1983 ; Les Éditions du Boréal, 1992.

Avec l'hiver qui s'en vient, VLB éditeur, 1982.

Ils étaient venus pour..., VLB éditeur, 1981 ; Les Éditions du Boréal, 1997.

C'était avant la guerre à l'Anse-à-Gilles, VLB éditeur, 1981 ; Les Éditions du Boréal, 1995.

Marie
Laberge

Treize verbes pour.
vivre

Essai

QuébecAmérique

Projet dirigé par Pierre Cayouette, éditeur et conseiller littéraire

Conception graphique : Louise Laberge
Photo en couverture : Marie Laberge

Québec Amérique
329, rue de la Commune Ouest, 3ᵉ étage
Montréal (Québec) Canada H2Y 2E1
Téléphone : 514 499-3000, télécopieur : 514 499-3010

Nous reconnaissons l'aide financière du gouvernement du Canada par
l'entremise du Fonds du livre du Canada pour nos activités d'édition.

Nous remercions le Conseil des arts du Canada de son soutien. L'an dernier,
le Conseil a investi 157 millions de dollars pour mettre de l'art dans la vie
des Canadiennes et des Canadiens de tout le pays.

Nous tenons également à remercier la SODEC pour son appui financier.
Gouvernement du Québec – Programme de crédit d'impôt pour l'édition
de livres – Gestion SODEC.

**Catalogage avant publication de Bibliothèque et Archives nationales
du Québec et Bibliothèque et Archives Canada**

Laberge, Marie
Treize verbes pour vivre
ISBN 978-2-7644-2969-3
I. Titre.
PS8573.A168T73 2015   C848'.54   C2015-941678-7
PS9573.A168T73 2015

Dépôt légal, Bibliothèque et Archives nationales du Québec, 2015
Dépôt légal, Bibliothèque et Archives du Canada, 2015

Imprimé au Québec

À mes amis Nicole et Gérard Berrut

Il y a terreur parce que les gens croient ou bien que rien n'a de sens, ou bien que seule la réussite historique en a. Il y a terreur parce que les valeurs humaines ont été remplacées par les valeurs du mépris et de l'efficacité, la volonté de liberté par la volonté de domination. On n'a plus raison parce qu'on a la justice et la générosité avec soi. On a raison parce qu'on réussit.

Albert Camus,
Noces à Tipasa

Table des matières

Avant-propos 11

Jouir 17

Croire 39

Exprimer 57

Respecter 83

Douter 97

Apprendre 107

Quitter 121

Assumer 135

Espérer 155

Pardonner 167

Vieillir 185

Aimer 201

Mourir 219

À vous 235

Avant-propos

À l'approche de la quarantaine, j'ai commencé à ressentir que le temps faisait plus que passer : il façonnait ma pensée. L'expérience ajoutait à ce que je croyais unique et essentiel : réfléchir, créer mes propres normes morales et m'y tenir ma vie durant. L'érosion du temps pouvait autant arrondir qu'aiguiser, cela dépendait du secteur d'activité. J'ai compris que rien ne resterait intact, ni ma réflexion ni même qui j'étais — ou croyais être.

J'ai alors voulu établir une liste de verbes fondamentaux — à mes yeux — dont je décrirais la portée dans ma vie. Je croyais que de dix ans en dix ans, je pourrais revenir sur l'ouvrage et reprendre l'exercice en redéfinissant ces verbes selon ce que le temps aurait eu comme effet sur eux. Je voulais voir si tous garderaient la même essence, la même intensité, bref, si le temps les aurait magnifiés ou édulcorés.

Évidemment, en plein élan de création, presque étouffée par l'urgence d'écrire, je n'ai pas trouvé le moyen de consentir du temps à cette réflexion. Arrivée à la cinquantaine, j'y ai encore songé, mais la trilogie *Le Goût du bonheur* absorbait la totalité de mon esprit. Quand j'ai atteint mes soixante ans, j'ai cru qu'il était trop tard pour ce genre d'études comparatives, que le temps, justement, avait trop passé.

J'ai maintenant quarante ans de vie professionnelle. Retour à la case départ ? Pas vraiment, mais ces verbes me hantent encore. Autant je me tiens loin de l'autobiographie ou d'une certaine célébration du « je » qui me semble prendre un essor considérable et parfois injustifié ces derniers temps, autant le désir de circonscrire et de fouiller le sens profond de certains verbes est demeuré. Alors, pour en finir avec vingt ans de macération, je plonge. Du moins, en ne le faisant qu'une fois, j'épargne une éventuelle redondance ou — pire — une errance. Je vais tenter d'aller droit au cœur du verbe, sans tergiverser et avec franchise.

Pourquoi treize ? Pourquoi des verbes ?

Treize est un nombre premier et, en plus, il est marqué de superstition, ce n'est pas un chiffre indifférent. Il me semble équilibré : il dépasse la petite douzaine qui ferait un brin chétif et il ne déborde pas vers la vingtaine qui m'apparaît trop copieuse. Contrairement à bien des gens, ce chiffre m'est sympathique. Il boite, comme tout ce qui est impair... il n'a pas l'harmonie trop sage, oppressante. Plusieurs le craignent, les hôtels l'évitent, les ascenseurs refusent de s'y arrêter. Moi, je l'aime bien. Comme je ne voulais pas m'étaler — généreusement peut-être, mais m'étaler quand même — mais choisir les éléments les plus significatifs à mes yeux, ce chiffre me donnait une belle impression de concision.

Pour ce qui est de choisir des verbes plutôt que des substantifs ou des qualificatifs — et pourquoi pas des adverbes ? — la réponse est plus simple. Par définition, le verbe conduit la phrase, c'est le leader naturel de la pensée. Que serait une réflexion qui s'appuie sur un élément décoratif (l'adjectif) ou sur un commentaire (l'adverbe) ?

Le verbe ou le substantif — « vivre » ou « la vie » — là, j'avoue que ça se corse. Mais « vivre »

est plus personnel, plus directement lié à chacun que « la vie » qui permet un certain recul. Je
voulais une réflexion qui se trouve au centre de
l'action, et pour cela le verbe apparaît incompa-
rable et nécessaire.

Maintenant, choisir entre la forme pronominale et le seul infinitif représentait aussi un défi :
entre abandonner et s'abandonner, il y a un
gouffre. Ce qu'un minuscule « s » peut faire ! Je n'ai
donc pas établi de règle absolue : j'y vais selon la
précision et le verbe sera à la forme exigée par
l'action que je veux désigner. Trop de règles,
voilà qui risquerait de mener à la censure.

Enfin, cette aventure étant forcément très
personnelle, elle laissera filtrer des moments
privés qui s'approcheront de l'aveu, le « je »
étant un pronom qui incite à la confession.
Vaincre ma répugnance pour ce pronom ne sera
pas le moindre de mes efforts, mais il est certain
que là se limitera toute tentative autobiogra-
phique. Je trouvais important de me mouiller et
de ne pas faire abstraction de mon expérience,
sans pour autant y aller d'un déballage privé qui
n'ajouterait rien. Mes secrets me sont précieux.
Ma pensée s'appuie probablement sur eux, mais

ils ne sont pas utiles à sa compréhension. Ce que je livre ici sert surtout à illustrer mon propos, à m'impliquer, à me compromettre même. Je tenais à ne pas le faire froidement, en gardant prudemment mes distances. J'aurais jugé cela malhonnête. Dans la mesure de mes moyens, dans la partie qui s'appelle « ... dans ma vie » qui suit chaque verbe, j'ai essayé de livrer quelque chose de très personnel.

Je suis certaine que je n'ai pas à expliquer pourquoi le seul verbe qui s'allie aux treize répertoriés est celui de « vivre ». À mes yeux, il est le plus grand, le plus beau et le plus exigeant, et à ce titre il englobe tous les verbes dont je parle.

ML

Jouir

Commençons par la joie. En le prononçant, ce verbe finit déjà par un sourire.

Jouir, c'est prendre ce que la vie nous offre et en profiter pleinement.

Jouir, c'est un «oui» entouré de consonnes (il y a du «oui, je ris» dans «jouir»), c'est un consentement à la beauté, à l'élan, au plaisir.

Nous avons tous des sens: à nous de les aiguiser et de savourer. Avant de ramener ce verbe à son aspect sexuel — qui n'est pas à négliger et qui ne le sera pas — laissons-le s'ouvrir et prendre tout son espace.

Jouir est multiple et se multiplie lui-même. Dans l'aurore, quand le ciel chavire vers le jour, dans l'odeur de la pluie sur la terre asséchée qui boit son content, dans la mer qui s'étale sur la plage, son odeur iodée, ses variations de bleus

et de verts selon le ciel et le soleil, dans la générosité des pivoines qui se déploient au printemps,
dans une strophe poétique qui nous met les
larmes aux yeux, dans le goût du premier café
au petit matin, dans la sensation aiguë de liberté
qui nous traverse quand on est en vacances et
que la journée est totalement libre, et à l'opposé,
dans le soulagement du corps rompu de fatigue
après une dure journée de labeur quand enfin
on peut se mettre au lit dans des draps frais,
dans le but gagnant de notre équipe sportive
favorite, dans le chant du cardinal à poitrine
rose, l'odeur de bois qui brûle, la brume du cré-
puscule d'automne, dans la toute première
neige, celle qui ne nous pèse pas, dans la fin du
jour qui s'abîme dans un festival de rouges,
dans la douceur d'une joue de bébé, dans son
premier rire qui éclate, ses premiers pas chan-
celants, dans le sentiment d'avoir bien travaillé,
de toucher ou de frôler le résultat escompté,
dans le parfum de notre mère, dans le cœur qui
bat après l'effort physique, le corps essoufflé et
la tête légère, dans l'eau tranquille d'un lac ou
celle, violente, du torrent, dans un vin capiteux,
l'adagio d'un concerto sublime ou un riff de
guitare, dans l'effleurement d'une main aimée,

dans un éclat de rire, dans la brise, dans la réminiscence d'un instant heureux, dans un sourire, dans la conscience d'être au monde, vivant, vibrant, absolument présent : jouir.

Cinq sens par lesquels le monde nous traverse, cinq sens sont à notre disposition pour laisser la vie nous bouleverser, nous ravir et nous contenter. Jouir se fait en douceur, en vitesse, en solitude ou en échange, mais c'est une possibilité infinie qui ne se limite qu'à notre imagination. On peut privilégier un sens au détriment d'un autre, mais rien ne nous oblige à restreindre la portée de ce verbe puissant. Et si nos sens se sont éteints, notre mémoire peut encore en restituer l'acuité. Jouir est à notre portée, il suffit presque de s'y arrêter, de respirer doucement, de goûter… et de s'en réjouir.

La perfection n'étant pas fréquente, pourquoi faudrait-il l'attendre pour s'estimer assouvi ? Pourquoi ne pas saisir les bribes de jouissance qui s'offrent à nous, même si certaines nous échappent ? L'idée de l'extase absolue est un rabat-joie qui empêche de savourer ce qui est là, presque sous la main, parfaitement disponible pour nos sens affamés.

Se contenter peut s'interpréter comme se satisfaire ou comme se résigner à peu de choses. Pourquoi ne pas opter pour la satisfaction ? Chaque jour de la vie en offre. Aiguiser son esprit à voir ce qui est, à le reconnaître et à en jouir — au lieu de s'attarder à faire l'inventaire de ce qui manque — voilà un antidépresseur puissant.

Il y a une certaine prison dans l'analyse continuelle des imperfections du verbe « vivre », mais nous en sommes les geôliers, donc, nous possédons les clés. Je préfère être la gardienne du verbe « jouir » plutôt qu'être la carpette sur laquelle le verbe « faillir » s'essuie les pieds. Quand vient le temps d'établir une liste du pour et du contre, le pour arrive en premier : c'est mon ordre de prédilection.

Passons maintenant à un aspect plus précis de ce verbe, celui qui couvre le croustillant domaine sexuel que j'illustrerai par le sous-verbe « baiser ». Bien sûr, il y a de plus jolies façons de le dire, « faire l'amour » étant la formule consacrée de l'acte sexuel. Mais comme je veux parler de l'élan sexuel qui ne s'accompagne pas toujours de l'élan amoureux, de la pulsion qui a comme destination le fameux verbe « jouir », j'opte pour cette appellation.

Indubitablement, la sexualité est une part essentielle de l'être humain. Comme tout le reste, elle n'est pas distribuée également. Et même si elle peut paraître mince ou absente, elle est là, au cœur de la personne. Autant on peut juger l'apparence de quelqu'un, autant il est difficile de cerner sa sexualité. Là-dessus — contrairement à l'obésité ou à la maigreur — on peut tromper son monde. « Aguicheuse » ne veut pas dire douée pour le sexe : il y a de grands appétits bien déguisés et des pénuries bien camouflées.

L'ennui avec la sexualité, c'est qu'elle est constamment exploitée et de toutes les façons, mais qu'elle est rarement explicitée. Pour en connaître les fondements et l'usage, il faut s'en remettre à soi. Et on tâtonne… Rien n'est plus trompeur que les sondages sur le sujet. Beaucoup de gens donneraient cher pour connaître la norme acceptable en ce domaine et s'y conformer sans même se demander si cela leur convient. Un peu plus, un peu moins que cette norme, d'accord. Mais patauger carrément en dessous ou se considérer tout à coup comme franchement obsédé par le désir ? La honte.

Qu'on parle de copuler, baiser, se mettre, faire l'amour, tirer un coup — bien mâle — s'envoyer en l'air, forniquer, faire des galipettes, enfiler, tringler ou toute autre expression, on parle de vivre sa sexualité. La respecter veut dire ne pas l'ignorer, la feindre ou la travestir, mais la trouver, lui laisser sa place sans tout lui sacrifier et sans en faire l'économie. La contenir n'est pas un mince défi. Comme elle a tendance à l'expansion dans ses débuts, l'enrichir est encore plus exigeant. Parce que, quelle que soit la férocité ou la placidité de son élan sexuel, ça peut changer. La sexualité est une sorte de thermomètre : son apparente absence nous indique quelque chose nous concernant, sa trop grande présence aussi. La sexualité peut s'endormir, se mettre en jachère, elle peut être sublimée, sacrifiée au profit d'autre chose, elle peut être immolée, bannie, détruite. Elle peut être tuée par un usage abusif ou malade. Rien de plus fort et de plus fragile. Et quand on abîme la sexualité de quelqu'un, on atteint son âme même et on massacre une capacité à la joie de vivre, on brise davantage que l'élan sexuel.

En fait, la sexualité peut être une porte pour le paradis ou pour l'enfer, rien de moins.

La plupart du temps, l'élan sexuel aboutit dans un acte qui inclut une autre personne. Ce n'est pas obligatoire, mais c'est fréquent. Dès qu'on entre dans la sphère sexuelle, il y a possibilité de corruption. Corrompre son désir pour obtenir autre chose : de l'amour, de l'attention, des excuses, des biens matériels, la paix, le pardon, et j'en passe. Mais le soliloque sexuel n'est pas sans dangers non plus : le fantasme a tendance à s'exacerber pour combler le vide de la communication, à se tordre parfois, à exiger le recours à des « trucs » qui risquent de barbouiller l'élan, comme un somnifère peut barbouiller les heures du réveil. Laissé à lui-même, sans autre direction que soi-même, l'élan sexuel peut s'égarer sur le chemin de la pornographie, cette image sexuelle sans sensualité et plutôt orientée sur la génitalité. L'obsession sexuelle, elle, déguise l'élan en appétit incessant qu'aucune action — même celle de la jouissance — n'arrive

à apaiser. C'est une compulsion et c'est de mar-
tèlement sexuel dont il est question et non plus
d'élan.

Dans l'élan, il y a l'autre, qu'il soit rêvé ou présent. On peut falsifier la personne avec qui l'élan
prend forme, on peut pousser l'imbroglio jusqu'à
la limite d'agir avec un corps en lui prêtant une
autre identité. Alors que l'acte sexuel s'appuie
sur une confiance, il est possible de le dénaturer,
et de « s'arranger » avec le piètre réel pour lui prêter une brillance qu'il n'a pas. Cela peut mener
à des résultats apparemment satisfaisants. Mais
même si la tricherie paraît anodine et inoffen-
sive — qui saura que votre mari est Brad Pitt ou
votre femme Angelina Jolie ? — elle creuse une
distance et mine l'instant, parce qu'elle réduit
l'union à l'action et lui retire sa communication.

Comme dans toute activité qui implique
quelqu'un d'autre, la sexualité peut s'exprimer
par l'autre… sans en tenir compte. Mais le chemin le plus gratifiant et probablement le plus
jouissif, c'est quand l'autre propulse la sexualité
dans une dimension supplémentaire, celle de la
rencontre, celle de l'association des élans qui
culminent dans un plaisir qui transite par l'autre,

le reconnaît et qui s'accroît grâce à l'autre et au sentiment dont l'action est investie. Ce n'est plus une action, un acte seul, c'est un aveu.

On peut baiser toute sa vie sans jamais faire l'amour, et l'inverse est aussi vrai.

On peut ne jamais atteindre l'autre, tout en s'en servant pour obtenir du plaisir.

On peut offrir un immense plaisir sans en éprouver aucun et on peut en éprouver beaucoup parce qu'on ressent le sien propre additionné de celui de l'autre.

De tous les échanges humains, celui qui passe par la sexualité peut s'exercer dans un spectre infini qui va de la coercition à la libération en passant par l'inféodation. Il faut bien l'admettre, c'est un thème où le pire côtoie le meilleur.

Personne ne devrait être soumis à l'acte sexuel sans y consentir du plus profond de lui-même.

Personne ne devrait être privé de sexualité si le désir l'habite.

Et pourtant… dans ces deux phrases réside toute la misère — et même la détresse — sexuelle.

Cette porte vers l'exaltation du corps qui ouvre toutes les possibilités de jouissance peut facilement se muer en cauchemar. Il suffit pour

cela de remplacer l'élan par l'oppression, l'incli-
nation par l'obligation, il suffit de trafiquer
l'amour pour en abuser, en extraire un plaisir
passager et égocentrique qui s'appuie sur le
pouvoir d'asservissement plutôt que sur le désir,
et tout se détraque. Jouir devient une perversion
du pouvoir. À partir du moment où l'aventure
des sens se définit par un contrôle exercé sur
l'autre, dès que le but est de dominer, d'affirmer
une suprématie qui n'a plus rien de sexuel, jouir
n'est plus du tout au programme, ou alors, c'est
une déviation du sens et une maladie.

Après un abus sexuel, il est bien difficile de
revenir en arrière et de conjuguer l'acte sexuel
au « nous ». Quand l'autre s'impose et force une
union qui n'est plus qu'une prison, un piège
infernal, il devient quasiment impossible de
combler l'abîme qui se creuse. Parce que pour
survivre à l'abus, il faut se détacher de soi, s'éloigner, fuir mentalement, le temps que le corps
est utilisé de façon abjecte. Et cette fuite vitale
rend ensuite extrêmement ardue la réunification
du corps brisé et de l'esprit/cœur affectés. Blesser
la sexualité d'un être humain, c'est le condamner
à vivre amputé d'un sens. Rien n'est plus atroce

que la répétition d'un geste qui a pris des allures de calvaire par le passé. Même le plus grand amour, le plus grand altruisme ou désir de s'unir à l'autre ne peuvent neutraliser la corrosion causée par la perversion sexuelle. L'être humain peut bien essayer de nier, occulter, oublier, le corps, lui, incapable d'effacer les traces du pouvoir imposé, refusera de se soumettre aveuglément à un pareil danger. Le corps, pour s'ouvrir, pour communiquer et recevoir dans le magnifique ballet qu'est l'amour physique doit être intact, intègre. S'il est marqué par un pouvoir abusif — même et surtout en provenance de quelqu'un d'aimé — il se fermera à l'approche de tout autre corps capable de rouvrir, de reproduire ou d'amplifier la blessure. Ce qui provoquerait une souffrance supplémentaire au mal qui a été fait.

On peut sublimer la sexualité, la détourner de l'élan premier — et non pas primitif — vers une autre forme d'expression, mais il est vraiment difficile de récupérer une pleine santé sexuelle, même quand on est amnésique de l'abus.

Le vol est d'autant plus grave quand il s'agit d'un enfant, puisqu'il ne connaîtra jamais l'explosion orgasmique que seul l'abandon à l'autre peut créer. Abuser d'un enfant sexuellement, c'est le dépouiller, le priver de son intégrité physique, c'est brimer à jamais sa capacité d'aimer avec son corps. Il pourra avoir une sexualité une fois adulte, bien évidemment, mais son élan sera toujours altéré par le passé abusif. Parce que le corps parle, même quand on veut le faire taire.

Parce que le corps est une mémoire puissante, même quand on veut oublier. Il se façonne selon les coups qu'il reçoit, les tendresses qui le bercent, les élans qui l'animent. Il se façonne aussi grâce à la réparation, à la rédemption, mais quel travail la résilience exige !

Que dire des mutilations sexuelles que tant de femmes et de filles subissent encore dans le monde ? Que dire des quinze millions de fillettes — quelquefois même pas pubères — données en mariage chaque année ? De celles qu'on vend et qu'on prostitue ? Que dire de l'arme de guerre qu'est devenu le viol en raison, entre autres, de la honte que cela inflige aux vaincus ?

Le corps ne ment pas. On peut refuser de l'entendre, on peut étouffer ses cris, se mentir à soi, mais le corps ne peut pas s'effacer totalement. S'il est une blessure hurlante, il va hurler. Ce qui n'empêche pas qu'on puisse aussi le museler.

Ce qui nous habite, les émotions, les désirs, les pulsions, tout cela passe par notre corps, comme l'électricité passe par les fils. Tout est lié. Et si on traite le corps comme un élément distinct et interchangeable de l'ensemble de la personne — en le réduisant à un objet sexuel, par exemple — on pervertit non seulement la partie utilisée, mais l'ensemble.

Un corps exploité, bafoué, maltraité, aura sûrement un écho dans l'esprit, la vision du réel et l'estimation de sa valeur. Pour qu'un esprit surmonte ce que le corps subit, il faut une rare détermination. Ou une grande expérience et un ressort hors du commun. Voilà pourquoi l'abus des enfants est particulièrement horrible : non seulement le corps est impropre à de tels actes, mais leur esprit ne peut vaincre la sensation de négation de lui-même, d'absolue souillure qu'il ressent. L'impression d'une mort sans cadavre. Et si l'enfant dénonce, il devient la cause du malaise des autres devant leur culpabilité. Ça, c'est quand il est cru. Alors, il se tait, de crainte d'être non crédible et dans la certitude de sa totale responsabilité : sans le savoir, il l'a sans doute cherché, provoqué. L'enfant dont on abuse est un supplicié qui devra tenter de transformer l'impasse tout seul.

La sexualité peut être — doit être — un puissant moteur de vie, un plaisir, une joie, un délice et une jouissance. Elle peut être lente à s'affirmer ou précoce dans son urgence, elle peut nous damner ou nous sauver, nous obséder ou nous peser, mais elle fait partie de notre vie, de notre être, de notre essence même. À divers degrés, à diverses intensités, le tout est de trouver son semblable — ce qui peut s'avérer plus compliqué qu'on ne le croit !

Jouir dans ma vie

Un jour, un ami m'a dit que j'étais un étrange mélange : entre l'ascétique et l'épicurienne. Je suis en partie d'accord avec cette définition parce que j'arrive à dompter ma nature de jouisseuse au profit de la discipline qu'impose l'écriture. Mais l'écriture est une sorte de plaisir aussi. Non dénué d'exigences, mais quand l'extase la traverse, il y a bien peu de jouissances qui soutiennent la comparaison. S'il y a de la moniale en moi, c'est pour atteindre un autre sommet du verbe « jouir ».

Je choisis donc mes plaisirs. Certains sont soumis à une rigueur qui rebuterait beaucoup de gens, mais ce n'est à mes yeux ni austère ni sacrificiel.

L'écriture se conjugue avec une solitude absolue. Ce n'est pas un martyre, loin de là. Pour moi, la solitude est une alliée, une amie.

Un choix. Je tiens à m'astreindre à travailler sans relâche parce qu'une pause me permettrait de m'éloigner, de prendre une distance que je ne trouve pas souhaitable. Ce qui provoque une intensité, une concentration qui me propulsent au cœur de mon imaginaire. Sans entraves. Ce luxe inouï de la solitude, je me l'offre à chaque période d'écriture. Et c'est un chemin à la fois âpre et allègre vers la jouissance de la création.

Je ne dirais pas que tout me réjouit, mais c'est évident que ce verbe ne m'est ni inconnu ni indifférent. J'y tiens. Et j'en exploite le plus large éventail possible. Évidemment, quand on place ce verbe à côté de « vieillir » ou « mourir », il faudrait être inconscient pour croire que le lecteur ne sautera pas sur l'occasion de s'amuser. Voilà certainement le verbe le plus juteux de cette nomenclature. Attirant, plaisant, excitant, exaltant et, bien sûr, intrigant, voilà ce que j'appelle un verbe riche.

Pour ce qui est de la connotation sexuelle, baiser est sûrement une des grandes joies de l'existence… quand ça se passe bien. C'est un plaisir qui dépend beaucoup de l'équipe.

J'ai eu la chance de former de bonnes équipes. J'ai surtout eu la bénédiction d'être dotée d'une bonne santé sexuelle... chose à laquelle on n'accorde pas d'importance tant qu'elle ne nous fait pas défaut. Un peu comme la santé mentale, finalement. Ou la santé physique.

Je suis née énergique. C'est un capital légué par ma mère : un élan, une énergie forte, puissante... et oublieuse de ses possibles défaillances. Mon énergie sexuelle m'a portée bien avant que j'en comprenne la source ou même la nature. Quand j'étais jeune, les renseignements — et je n'ose parler d'enseignement tant c'était tabou — de nature sexuelle étaient fournis au compte-gouttes, de façon ultra-évasive. Je me souviens d'avoir tendu à ma sœur le livre sur les abeilles censé me renseigner en lui demandant de m'indiquer le bout crucial.

Il fallait voir l'œil inquisiteur de ma mère quand on lui remettait l'ouvrage : curieuse de savoir si on avait compris et absolument déterminée à ne rien expliquer de vive voix. Ça puait le malaise à plein nez et je me suis bien gardée de l'amplifier, quitte à demeurer ignorante.

Posséder une énergie sexuelle est certainement un cadeau… dès qu'on peut la canaliser ou l'utiliser. Très jeune, je me sentais comme une bombe prête à éclater. Je ne sais pas quel sport il m'aurait fallu pratiquer pour calmer le feu qu'il y avait en moi.

Baiser — verbe totalement vulgaire et inconnu au glossaire familial de mon enfance — voulait encore dire embrasser… la main, la joue ou la bouche.

Sans me répandre en confidences croustillantes, disons que j'ai mis du temps à différencier l'appel du corps de celui du cœur. Je croyais que le corps avide allait de pair avec le cœur consentant. Que l'extase de l'un conduisait à la reddition de l'autre. Mes émois physiques me confondaient, et j'étais prête à certifier que le frisson qui courait sur ma peau m'allait droit au cœur. J'ai donc eu beaucoup de peines d'amour que je consolais avec le corps.

Discerner sa nature sexuelle, comprendre de quel élan on se chauffe est déjà difficile, l'accepter et faire avec est une autre paire de manches. J'ai erré, je me suis trompée, j'ai voulu contrôler mes fulgurances, les dompter, les assagir… et cela ne fonctionnait qu'au prix d'une belle frustration. J'ai connu des déserts physiques, de bons et de mauvais *matchs*. Bref, ce que bien des gens expérimentent : l'ajustement à sa nature et la difficulté de trouver quelqu'un qui possède une énergie semblable ou complémentaire à la nôtre.

Ce qui varie avec le temps, c'est l'importance qu'on accorde au sexe. Dans la jeunesse débordante d'hormones, on peut aisément faire taire son cœur pour que le corps exulte, comme le disait Brel. Là-dessus, ma feuille de route est parsemée d'essais et erreurs. Bénis soient ceux qui ne vont au lit qu'avec des partenaires dignes d'eux ! Mes urgences ont permis à bien des barrières intellectuelles de se lever. Je ne suis pas portée sur l'ivresse, mais celle du corps repu, satisfait, celle du divin petit vide qui suit une chevauchée fantastique, c'est l'ivresse que je préfère. Bien sûr, si elle est accompagnée d'un grand vide de conversation, de rire, de complicité, ce sera une courte ivresse.

C'est difficile de rencontrer un partenaire qui nous suive en tout. Le grand amour, celui qu'on célèbre dans les chansons, les romans, les films et la poésie, c'est sans doute la confluence des « c » : cœur, corps, culture et curiosité.

Mais c'est rare. Très rare. Et on change. Quand un des quatre « c » s'altère trop, il arrive que le grand amour s'étiole et se perde. Et par « curiosité », j'entends tous les désirs de connaître, de creuser et d'aller de l'avant. Et par « culture », tout ce qui fait de nous qui nous sommes, pas seulement les acquis ou les habitudes de vie, mais le silence, les discours, les secrets et les passions.

Jouir est meilleur, infiniment puissant quand on aime et que la rencontre des corps produit une explosion du cœur, une totale sensation d'abandon multiplié par celui de l'autre. Ça n'arrive pas tous les jours, mais c'est fabuleux.

En attendant ce jour, le corps peut vibrer joliment, la peau frémir et le plaisir nous recouvrir.

Il restera toujours l'aurore, la mer, la beauté absolue de la nature et celle, parfois chancelante mais sublime dans sa fragilité, des êtres humains que nous côtoyons. C'est déjà quelque chose, non ?

Croire

Peut-on traverser toute sa vie sans croire en quoi que ce soit? Je suppose que c'est possible.

Avoir la foi ne signifie pas obligatoirement croire en un dieu, quel qu'il soit. Bien sûr, le plus simple serait de croire et d'honorer un dieu et de respecter ses règles. Mais la foi peut s'étendre à autre chose, à d'autres concepts ou même conceptions. On peut croire à l'humanité, à l'être humain, à la bonté, la justice, l'amour, on peut croire à un pays, au bien commun, à une philosophie et vouer sa vie à renforcer sa conviction. On peut même croire en la valeur absolue de l'argent, du pouvoir ou des poupées transpercées d'épingles.

Croire nous définit parce que cela détermine nos actions, les stimule, les justifie, les excuse même à l'occasion.

Croire, c'est comme trouver le nord sur la boussole de sa vie. C'est trouver l'axe sur lequel appuyer nos actions et nos décisions, et autour duquel tourneront nos valeurs et notre morale. Et il n'y a aucun besoin de se fendre d'une théorie compliquée pour y arriver : cela se fait presque tout seul. On pourrait même déduire sa foi de ses actes.

Quand on évoque ce verbe, la religion et ses dogmes nous viennent tout de suite à l'esprit. On peut suivre les commandements d'un dieu, d'une Église, d'une secte, d'un clan ou d'un regroupement sans poser de questions. Pieusement, si ce n'est aveuglément. Il y a des gens pour qui la foi ne supporte aucune remise en question. Elle est. Il ne reste qu'à s'y conformer, peu importent les sacrifices ou les renoncements qu'elle exige. C'est ce que j'appellerais la « foi du charbonnier ». Inébranlable, toute-puissante, c'est une foi qui conduit de main de maître… et qui me semble réclamer en premier lieu le renoncement au libre arbitre. Tout est soumis au dogme : crois ou meurs. Comme si la foi devenait une trappe qui se refermait sur le croyant.

Dans l'Évangile, on évoque le troupeau. Et le berger est le grand maître du troupeau. Il y a sans doute la même sorte d'image à la fois rassurante et terrorisante dans toute religion.

Croire, à mes yeux, ne concerne pas ces mouvements de foule. On peut fort bien croire en certaines valeurs et assujettir ses gestes, ses réflexions, ses orientations en harmonie avec ce en quoi on croit. Je veux parler de l'individu qui cherche sa foi sans pour autant être asservi à un dogme ou à un groupe régi par un dogme rigide. Croire est un acte profondément individuel, même s'il peut mener à rejoindre une communauté.

Détachons-nous un peu de la foi consacrée par une institution, quelle qu'elle soit. Passons à l'individuel.

À la naissance, l'être humain fait partie d'un monde qui comporte ses lois, sa culture, sa langue et ses croyances. Il peut grandir sans éprouver la moindre contradiction avec cet univers, y adhérer totalement, ses questions existentielles étant résolues par la réponse de sa communauté.

Tout être humain se demande inévitablement pourquoi il vit et pourquoi il meurt. Quel est le sens de cette trajectoire qui s'appelle « sa vie » ? À quoi sert d'être là et de vivre ? Pour nourrir quel étrange fantasme ? Qui en a décidé ainsi ? Et qu'arrive-t-il après, cet après rempli d'incertitudes et d'effroi ?

La religion, les religions en fait, prennent en charge ces questions et y répondent chacune à leur façon, avec plus ou moins de mystères, si ce n'est de magie.

Mais chaque individu doit se définir et donner son sens propre à sa trajectoire. Choisir d'agir selon des règles qui sont ou qu'il a faites siennes.

Vivre sans être animé de la moindre foi, du plus petit sens qui s'élève au-dessus des considérations matérielles de la vie revient à tourner en rond et à agir au hasard. Un peu comme dans ce jeu de la bouteille qu'on fait pivoter pour embrasser la personne devant qui le sort a voulu qu'elle s'arrête. Qui a envie de jouer à la bouteille toute sa vie ? Qui ne voudrait pas l'orienter en fonction de ses convictions profondes ? À partir du moment où l'on croit à l'importance de nos gestes, ceux-ci portent un sens et deviennent cohérents. Mais il y a plus : la foi qui habite un être humain apporte davantage qu'une direction à sa vie, elle structure une morale personnelle, une façon de juger l'importance des actes, d'en exclure certains, d'en privilégier d'autres selon l'échelle de valeurs que la foi détermine. Quelqu'un qui croit en la solidarité humaine, quelqu'un qui est résolu à vivre selon cette conviction ne se comportera pas comme quelqu'un qui a placé sa foi dans le profit et la rentabilité, qu'ils soient immédiats ou à long terme. La foi implique des choix. Croire oblige à une certaine cohérence, la plus évidente étant de vivre en conformité avec nos convictions. Il s'agit d'une morale, d'un sens du bien et du mal appliqué à la ligne directrice d'une vie. Déroger à sa morale personnelle peut ébranler le sens de la vie.

Le cynisme consisterait à utiliser la morale des autres pour instaurer une domination : agir sans foi en nourrissant celle de gens convaincus afin de gagner une autorité, un pouvoir. Voilà une forme d'abus qu'on retrouve souvent chez les politiciens dénués de toute éthique, mais qui ont cerné le sens moral de leurs commettants et qui l'utilisent sans scrupules — puisque les scrupules sont issus de la morale personnelle. C'est l'application de l'adage *La fin justifie les moyens*, sorte de passe-partout pour des gens rompus au pouvoir et qui ne discernent plus leurs propres fins de celles d'une société. Ne pas bâtir de morale personnelle, courir à son profit en faisant mine de partager d'autres valeurs plus estimables mènent inévitablement à la démagogie. Bref, aller dans le sens des autres pour se donner du sens et un semblant d'éthique.

Les puissants de ce monde peuvent prétendre être animés d'une foi, mais c'est à travers leurs actions qu'on peut en juger. Si leurs déclarations ne s'incarnent pas dans leurs décisions, leur foi prend alors des allures d'opinion passagère et non pas de pilier sur lequel repose leur pensée. Combien de fois ai-je entendu le mot « compassion » dans la bouche de dirigeants qui ne voyaient aucune contradiction à ignorer les plus faibles une fois élus, à s'acharner à les dépouiller davantage ? Combien de fois certaines prétentions humanitaires n'ont été évoquées qu'en campagne électorale pour disparaître ensuite, sans vergogne, dans l'exercice du pouvoir ?

Croire peut faire d'un païen un candidat à la sainteté.

Croire peut déplacer des montagnes, donner une force aux plus démunis. Le fameux « rêve américain » s'appuie essentiellement sur la foi : tout ce que ça prend, supposément, c'est d'y croire et d'agir en conséquence. Ce qui me semble un brin réducteur et pas très éloigné de la pensée magique.

Autant la foi adoptée d'emblée, sans questions, sans doutes, me paraît potentiellement dommageable, autant les gens laissés à eux-mêmes, sans instruction suffisante pour réfléchir, peser le pour et le contre des lignes directrices de leur vie et ajuster leurs croyances intimes me semblent une perte pour l'humanité.

Si on croit à une valeur, à une doctrine, à un dogme même, rien ne nous oblige à orienter la totalité de notre vie en fonction de cette foi, mais elle en sera teintée, habitée, et une sorte d'éthique devrait en résulter. Un code privé, personnel, une répartition de ce qui est ou non capital à préserver si on veut que notre vie ait un sens. Un code d'honneur personnel qui, sans nécessairement être explicite, importera pour toutes les décisions majeures et les prises de positions.

Croire permet d'établir une échelle de grandeur, une gradation qui dissocie l'essentiel du superficiel.

Croire soutient, oriente. On peut évoluer, changer, on peut perdre et retrouver la foi, peu importe, mais notre vie témoignera toujours : en fonction de quoi avons-nous agi comme nous l'avons fait ? En vertu de quel principe, en nous appuyant sur quelle pensée ou théorie ? On pourrait aussi qualifier cela de philosophie de vie. Évidemment, pour apporter des réponses, il faut être en mesure de réfléchir, ne serait-ce que pour décortiquer un problème ou se poser des questions. Il serait dommage que la foi ou les principes ne soient formulés qu'une fois l'action engagée sans réflexion aucune. Comme une sorte de déduction après coup. D'excuse sans fondement véritable. Mais c'est ce qui menace toute personne qui ne se livre jamais à une analyse de ce qui l'anime et la pousse à agir comme elle le fait.

Parce que croire est le début d'une éthique et d'une morale, je soutiens que ce verbe est fondamental pour vivre en harmonie avec soi, et en conformité avec ses actes.

Être cru et se croire

Difficile de passer sous silence ces deux autres formes du même verbe qui, à mes yeux, confirment tout ce qui précède : comment croire ailleurs qu'en soi pour commencer ? Comment trouver un sens à sa vie si on ne se croit pas et si on n'est pas crédible aux yeux d'autrui ? Les prophètes se croyaient sans être crus par tous. Selon l'Évangile, Jésus a fini sur la croix sans cesser de croire mais en n'étant pas cru… d'où sa crucifixion.

Une conviction intime n'a pas à être partagée ou approuvée — même si on ne reçoit aucun acquiescement social, on peut se croire et continuer sa route sans se soucier de ce que les autres pensent. Ainsi ont fait les découvreurs, les ouvreurs de pistes, les créateurs, les génies et… les fous.

Ne pas être cru est plus tragique, des écrivains comme Kafka ont bâti leur œuvre là-dessus. Ne pas être cru peut devenir un enfer. À partir du moment où quelqu'un est sincère, authentique et qu'il n'est pas cru, tout dérape et perd son sens. Et si, pour devenir crédible, la condition était de n'être plus honnête, de se joindre à ceux qui refusent de croire ou qui professent une autre foi, cela signifie abandonner son être même. C'est le sort de plusieurs victimes, quand le prix à payer pour rester en vie est de renoncer à la vérité.

Une formule consacrée dit « être digne de foi »… sous-entendant qu'être cru se mérite et se paye. On peut être « indigne de foi » et proclamer tout de même la vérité. Tout comme on peut être « digne de foi » et en profiter pour mentir à plein nez.

Être cru ne signifie pas qu'on dit la vérité, mais qu'on s'exprime de telle façon que le discours passe pour être vrai. Les acteurs en font un art.

Croire dans ma vie

J'ai été élevée dans la religion catholique. À une époque où elle régnait en maître dans les foyers, la politique et la société québécoise. L'omniprésence de la religion était telle que croire n'était pas un choix, mais un passage indiscutable. La laïcité n'existait pour ainsi dire pas. La foi est maintenant affaire personnelle, individuelle.

Je croyais. En Dieu, à l'enfer, au paradis, aux saints, au chemin de croix, aux péchés véniels et mortels, aux dix commandements… Je croyais avec énergie et je respectais toutes les règles scrupuleusement. À l'église, où notre famille nombreuse se tassait dans le même banc avec une régularité de métronome, ce sont les lectures de l'Évangile qui me passionnaient. J'adorais ces histoires qui se terminaient par : « En vérité, en vérité, je vous le dis… » Ces allégories morales pour bien comprendre où se situaient le bien et le mal me fascinaient. Je crois même pouvoir leur accorder une partie de mon penchant pour la fiction.

Il y avait aussi la parade pas toujours pieuse des gens de ma paroisse : je les observais revenir de la communion, l'air dévotement concentré, mains jointes, yeux baissés, et j'analysais leur habillement des pieds à la tête. Je rêvais... j'imaginais leur vie, leurs amours, leurs peines. Cette petite communauté qui s'agenouillait, se relevait, s'inclinait, se signait selon ce qu'exigeait l'homme vêtu de blanc cousu d'or devant nous m'intéressait follement. Et l'autorité de cet homme n'a fait que grandir à mesure que les enseignements religieux m'étaient inculqués. Le faste des rites, la beauté baroque de l'église, la musique, l'encens, tout m'exaltait, me portait à croire à ce spectacle si bien orchestré.

Je croyais comme s'il s'agissait de magie. Sans croire, finalement. Je prêtais à Dieu un pouvoir de négociateur. Et je négociais. Le père Noël n'était rien à côté de Dieu. Je savais où mettre mes efforts et je n'ai rien négligé pour « gagner » mon ciel et celui de mes parents. À l'époque, il y avait des indulgences plénières qui réglaient le cas du paradis si, d'infortune, on mourait en état de péché mortel (donc promis à l'enfer par décret divin). Je suis probablement devenue excellente en « calcul mental » à force d'élaborer des comptes avec Dieu pour liquider ma facture céleste au plus vite.

Je sais encore compter, mais je ne crois plus en Dieu.

Très vite, je me suis rendue à l'évidence que je cherchais surtout quelqu'un vers qui me tourner pour les problèmes insolubles de l'existence, pour mes rêves démesurés et une protection permanente. J'étais une inquiète. Je ressentais avec acuité les détresses des autres et j'en étais accablée de tristesse. Quand je croyais, l'orgueil me poussait aussi à m'imaginer désignée pour la sainteté — aucun destin ordinaire ne me semblait digne de ma ferveur, bien sûr ! Je guettais le moment où Dieu se manifesterait, certaine d'être appelée à de hautes fonctions et, en même temps, terrorisée à l'idée de faire défaut à Dieu si par malheur il me désirait pour la vocation religieuse. Je résistais à l'appel avant même de l'entendre… Les religieuses qui m'enseignaient n'étaient pas une réclame convaincante à mes yeux. Sans parler de mes aspirations sensuelles qui avaient déjà gagné la bataille : entre l'exaltation divine et l'exaltation physique, je n'ai pas hésité longtemps.

Dans ma vie, mes premiers doutes sérieux sont apparus avec mes premières épreuves sérieuses. Ma foi n'a pas résisté à l'adversité. J'étais très jeune, je n'avais pas neuf ans. Dieu m'a semblé sourd. Ensuite, je l'ai trouvé peu compatissant, pour finir par douter de sa fameuse toute-puissance. J'ai tenté de négocier, de plaider ma cause, mais le divin n'avait que peu de poids devant mon réel. Ma confiance s'est brisée au premier écueil et ma foi s'est avérée bien faible, et surtout fortement matérialiste : peu m'importait l'au-delà, j'exigeais une incarnation immédiate, réelle, urgente même. J'étais Thomas dans toute sa splendeur. Silence au ciel. Je me suis éloignée pour m'occuper de ma vie présente en laissant ma « vie d'après la vie » de côté. En fait, je n'ai pas perdu la foi, je me suis seulement rendu compte que je croyais dans la mesure où ce serait « payant », où la réciprocité me déchargerait de ce qui me semblait — et était probablement — trop lourd.

Depuis ce jour, le présent, le tangible, le réel sont mes priorités.

J'ai toujours un culte pour le maintenant, pour cette vie, la mienne, la seule qui m'est donnée. Est-ce l'orgueilleuse en moi qui ne s'en est plus jamais remise à personne pour en décider et pour la diriger? La foi doit soutenir et je croyais dans la mesure où je l'étais; s'il n'en tenait qu'à moi d'obtenir ou non ce soutien, je préférais m'y consacrer. Peu importe le pourquoi, le résultat est que de Dieu, ma foi est passée à la vie, à l'être humain, à l'amour dans son sens le plus large et — à mes yeux — le plus noble.

Je crois à la vie, au libre arbitre — parfois entravé par l'ignorance — à l'humanité dans toute sa splendeur et sa petitesse, à l'être humain qui lutte, se débat pour arracher un peu de bonheur aux jours qui lui sont accordés. Je crois qu'on peut et qu'on doit être solidaires, je crois toujours aux vertus théologales — même si l'appellation signifie «en référence à Dieu» — que sont la foi, l'espérance et la charité. Et cela, même si je ne crois plus au divin, parce qu'elles s'appliquent encore et toujours et qu'elles sont d'un immense secours devant l'égocentrisme, la violence et l'ignorance. Je crois à la force de la beauté pour contrecarrer l'acidité de la bêtise. Je crois à la puissance des enfants qui cherchent sans masques la vérité et qui savent créer, imaginer, flotter, voler, même au cœur du désastre.

Et je crois que ce qui nous menace le plus comme humanité, c'est l'avidité, la cupidité, la quête absolue d'un rendement qui ne s'obtiendra que par la destruction et le massacre. Ce profit à courte vue des véritables mécréants qui n'ont que leur appétit à contenter et qui ont mis une auréole autour du bénéfice.

Je suis une pragmatique qui ne s'inquiète que de ce qui est présent, concret. La vie éternelle? La vie après la mort? Pourquoi s'en faire, alors que cette vie exige sa somme d'efforts et son souci?

Bien sûr, j'ai croisé des gens qui croient vraiment, qui sont habités, soutenus par leur foi. Je reconnais que c'est vrai pour eux, honnête, et non pas le fruit d'une peur pacifiée par un ailleurs réconfortant. Je les trouve chanceux parce que la foi en Dieu, Yahvé ou Mahomet semble résoudre bien des questions restées sans réponses. Et je les respecte.

Seule avec mes questions, j'essaie de trouver mes propres réponses spirituelles quoique laïques.

À l'époque où j'enseignais le théâtre, je me souviens de l'air effaré de mes étudiants — qui me demandaient si je croyais — devant ma profession d'athéisme. Pour eux, c'était ce qui arrivait après la mort qui les angoissait. J'ai répondu « rien ». Cela leur était insupportable que mon corps devienne minéral et que mon esprit s'éteigne à jamais. Les leurs, en fait. Je me demande si le plus grand orgueil n'est pas de vouloir se survivre coûte que coûte...

Jésus, sur sa croix, éprouvait-il une consolation ou une justification à sa mort en sachant qu'il allait ressusciter ? Je crois qu'on ferait mieux de se concentrer sur la vie et de la rendre digne de respect, utile, généreuse avant de se soucier d'une éventuelle autre vie.

J'ai l'intention de mourir assez fatiguée pour ne pas rêver qu'on me ressuscite.

Exprimer

Voilà un verbe bien dodu. Un verbe titanesque. Il contient tant d'autres verbes qu'il donne le vertige.

Exprimer, c'est dire, danser, peindre, jouer, composer, réaliser, écrire, grimacer, crier, rire, pleurer, exploser, hurler. Exprimer, c'est se dire aussi, faire connaître, informer, sensibiliser, toucher, atteindre l'autre. Et, du coup, ça rappelle le contraire : taire, se renfermer, s'éloigner, renoncer, garder, cacher, dissimuler.

Ce verbe contient un « ex » qui indique une direction : il va vers le dehors, l'extérieur, ce verbe court vers l'autre. Freud a acquis ses lettres de noblesse avec ce verbe : quand le patient réussit à sortir de lui le traumatisme grâce au véhicule des mots, la guérison s'amorce.

Prendre en soi et l'amener hors de soi. Cracher le morceau. Extirper ce qui est tapi au-dedans et le transmettre au-dehors. Extérioriser. Expulser.

On peut exprimer une panoplie de concepts et d'émotions, l'essentiel est que cela transite par soi, son intérieur.

Pour ce verbe, l'image la plus percutante qui me vient à l'esprit est celle d'une éponge, et c'est l'image même du créateur à mes yeux. On place une éponge dans un environnement et celle-ci absorbe avec une avidité qui est sa nature même. Quand on la presse, elle dégorge ce qu'elle a bu. Elle exprime ses fluides.

Un créateur est une sorte d'éponge placée dans un milieu spécifique. Son intense sensibilité fait qu'il «boit», absorbe ce milieu, le laisse l'habiter, le prendre, le hanter autant que lui-même l'habite dans un échange qui n'est pas toujours conscient ou volontaire. Ensuite, au moment de créer, tout ce qui s'est déposé en lui s'exprime, sort de ses tripes, est rendu, coloré par son rapport au monde et par le filtre qu'est sa sensibilité artistique.

Exprimer : le bon, le mauvais, le doux, l'insupportable, l'amer, le délicieux, l'obsédant,

l'apaisant, le provocant, le réconfortant, le consolant, le choquant, le séduisant, l'agressant. Dire
et teinter son propos par son style, sa personnalité, sa manière de voir. Qui on est.

Sans être un créateur, toute personne nor-
malement constituée doit exprimer quelque
chose à un moment ou à un autre de sa vie. Il y
a ceux qui explosent une seule fois et qui en sont
soudain considérés comme le contraire de ce
que leurs proches croyaient. Il y a ceux qui en
disent tant, en expriment tant qu'on n'arrive
plus à saisir leur nature profonde. Et il y a toutes
les gradations possibles entre ces deux pôles.
Une chose est certaine : pour exprimer, il faut
être. Les absents, les engourdis, les endormis,
les terrés au fond d'eux-mêmes n'expriment
que cette barrière, cet empêchement ou cette
impossibilité d'être.

Comment exprimer si l'éponge demeure
parfaitement scellée dans son emballage ?

La peur peut aussi être un frein puissant à
l'expression. Peur des représailles, de l'opinion
d'autrui, du rejet, de l'ostracisme. Peur de se
révéler et d'être jugé insignifiant, ou pire, idiot,

sans valeur, inintéressant. Peur de n'être rien ou trop peu et que les autres s'en aperçoivent, le voient, le constatent et… le confirment.

Peur de ne pas être entendu, compris, peur d'être mal interprété.

Il y a tant de raisons d'avoir peur. Et elles ne sont pas toutes déraisonnables, ces peurs. Il faut un certain courage pour s'exprimer. Il faut oser. Surtout si la pensée ne va pas dans le sens du courant général. Et quand il s'agit de l'intime, des émotions, c'est encore plus difficile.

Exprimer ce qu'on pense ou ce qu'on ressent demande tout d'abord une conscience d'être, une sorte de socle sur lequel repose ce qui sera exprimé : soi. Plus la personne est solide, assurée, plus ce qui sera exprimé aura de la puissance. Un leader n'est rien d'autre qu'une personne qui a l'assurance d'exister, de penser et de ressentir, sûre d'elle, donc. La façon dont elle s'exprimera, le charisme, l'attirance, le magnétisme qui ressortiront de sa manière de convaincre donneront la mesure de son leadership. Parce qu'être ne suffit pas à emporter l'adhésion. Des tas de gens sont valables et capables sans pour autant attirer les regards et les garder fixés sur eux. La magie n'opère qu'avec certains… parce qu'ils possèdent, outre un ego fort, une pensée particulière, ferme et cette espèce de charme autoritaire qui attire et force l'attention. Ce dernier élément ne se forge pas, il ne se soumet à aucune volonté, on ne peut pas cultiver ou développer ce charisme. Encore moins l'acheter. On peut en profiter, l'exploiter quand il est là. On peut le soumettre à ses valeurs, mais on ne peut pas le créer, l'attraper ou le susciter. C'est une qualité totalement autonome.

Beaucoup de gens expriment, se disent, se racontent même, sans être écoutés. Et bien sûr, sans être entendus. Comme quoi il ne suffit pas d'exprimer pour que le message se rende. Une personne bègue peut lasser à force d'hésitations et de répétitions, mais elle aura certainement retenu plus longtemps l'attention qu'une personne ennuyeuse.

Parce qu'il y a la substance, le propos, ce qu'on a à exprimer, et il y a la manière.

Et la manière peut bloquer la matière. La forme peut saboter le fond. Et cela joue dans les deux sens.

Faire rire les gens en émettant des vérités qui seront prises à la légère tant la fantaisie est efficace peut camoufler une détresse réelle qui ne transpercera pas le discours : dans ce cas, la manière aura étouffé la matière.

Faire un drame avec une insignifiance, et cette fois la matière condamnera la manière, la dénoncera comme ridicule, exagérée, risible. Indigne d'attention.

On peut exprimer par des mots, des gestes, des attitudes, des soupirs, des silences aussi. On peut exprimer davantage que ce que l'on souhaite ou ne pas y arriver du tout. Quelquefois, il suffit de lever un seul doigt pour en dire énormément. Une grimace, un sourcil haussé, une larme peuvent changer le cours des choses sans qu'un seul mot soit prononcé.

Avoir quelque chose à transmettre, l'exprimer et convaincre le destinataire, ce n'est pas une mince tâche. Sur les téléphones portables, on nous fournit maintenant une gamme d'expressions pour teinter le message. Plus besoin de trouver les mots : on ajoute une face dubitative, morte de rire ou coquine et le compte est bon. La chose est dite. Adieu la subtilité, la nuance qu'un adjectif ou un adverbe peut ajouter. Cela ressemble aux formules de publicité ou d'émissions de variétés dans les années 1970, quand les « Lui, y connaît ça ! », « C'est pas un cadeau ! » ou plus tard « Super ! » et « Cool » devenaient virales, réduisant l'expression au cliché.

Tout être humain s'exprime. Les mots ne sont même pas nécessaires, ils sont un support. Tout comme les gestes ou les sons. Le silence peut s'avérer aussi efficace que la parole. L'émotion colore l'expression, la rend percutante, urgente, confondante, mystérieuse, limpide, altérée, et j'en passe…

Dire et se dire. La première expression d'un enfant est celle du besoin. Un des premiers gestes est de tenir, de ramener à sa bouche, d'absorber l'autre et même lui-même, puisque le pied qu'un bébé suçote, il ignore encore que c'est le sien. Ensuite, un enfant tend les bras et il parlera et marchera pour aller vers l'autre. Courir vers lui.

S'il n'y a pas de soi, impossible d'exprimer, mais s'il n'y a pas l'autre, l'extérieur à soi, l'objectif de l'expression s'évanouit. Exprimer est le trait d'union. Entre soi et l'autre, entre le privé et le partagé, entre le dedans et le dehors. Si un des deux éléments manque, le mouvement cesse, le verbe meurt et rien ne circule. Ainsi vont les gens fermés sur eux-mêmes qui ne parlent que pour leur propre bénéfice. Les gens pris dans le cercle vicieux de l'enfermement psychique. Ceux qu'on emprisonne ou qu'on laisse délirer dans les rues, abandonnés à eux-mêmes et à leurs voix intérieures. Sourds aux autres voix.

Physiologiquement, l'air entre dans nos poumons, filtre le sang et ressort, chargé de gaz carbonique. Notre vie dépend de ce simple mouvement : respirer.

S'exprimer est une sorte de respiration mentale, métaphysique. S'exprimer permet de purifier la pensée, de « sortir le méchant », le pollué, l'insupportable, le trop-plein. Ça peut se faire en dansant, en parlant, en chantant, en courant… de tant de manières.

La pensée est stimulée par le mouvement, par l'échange. Une réplique et, déjà, l'expression de la pensée évolue et se construit.

S'exprimer, c'est presser son être entier pour en extraire son essence et la tendre à autrui.

Parmi tous les verbes sous-tendus par celui-ci — et qui sont loin d'être des sous-verbes — certains méritent une attention spéciale. Les voici.

Rire

Rire est le propre de l'homme et de lui seul. Aucun autre représentant du règne animal ne le fait. Ni les oiseaux, ni les poissons, ni les bêtes ne rient : ce verbe est à l'usage exclusif de l'être humain.

Plusieurs personnes nourrissent pourtant une certaine méfiance intellectuelle à l'égard de ce verbe, pour ne pas dire un dédain, comme s'il était méprisable. Alors qu'il s'agit d'une action qui exige une compréhension, un lien et une distance. Rire provient d'un choc entre un sens convenu et un sens inusité, surprenant. Rire demande de l'intelligence et soulage une tension. On dit de quelqu'un qui n'a aucun sens de l'humour qu'il a l'esprit chagrin. Passer sa vie sans rire doit être infiniment lugubre. Tout prendre au pied de la lettre, au premier degré doit plomber l'élan vital.

Faire rire quelqu'un, c'est faire appel à son esprit, à son inventivité. C'est faire pétiller la pensée en l'élevant, la changeant. Bien sûr, il est aussi possible de niveler par le bas, de s'appuyer sur des clichés, des préjugés, de la vulgarité. Le rire gras versus le rire spirituel, la finesse opposée au primaire, c'est souvent en ces termes que se discute le rire.

C'est pourtant sérieux, le rire. Il n'y a qu'à constater le brillant de l'œil, la détente soudaine du corps de la personne qui s'esclaffe pour au moins accorder un paragraphe à cette expression de soi… et de son intelligence. Évidemment, les «prout!» et autres niaiseries ne sont pas ce qui m'occupe présentement. Quoique… le rire d'un bébé qui éclate quand on pousse de l'air sur son bedon, c'est quand même l'expression d'un plaisir et d'une communication. Le rire d'un bébé jaillit grâce à d'autres traits d'humour que ceux de l'esprit. Même chose pour les jeunes enfants qui forgent leur sens de l'humour avec des concepts de leur âge.

Un adulte moyennement mûr délaisse ce niveau et affine son humour. Généralement.

Bien sûr, un rire gras, sans nuance, un rire idiot qui s'appuie sur le côté moins noble de l'humanité peut régner de temps à autre. Mais cela n'empêche pas le rire de pouvoir être fin, raffiné même, de prendre racine dans l'absurde, dans une compréhension poussée de la nature humaine, des évènements sociaux ou politiques. Faire rire demande de la précision, du rythme, de la nuance, un esprit vif, une prédisposition à l'analyse et une capacité de synthèse. Ce n'est pas donné à tout le monde de faire rire.

Je mets quiconque au défi de résister au charme du rire. Faire rire, c'est séduire. C'est s'adresser à l'intelligence en chatouillant le cœur.

Le rire est même devenu l'élément d'une thérapie : il y a eu des expériences scientifiques qui l'incluaient dans un protocole pour soigner le cancer. On incitait le malade à se payer des séances de rigolade en regardant des films drôles. Cela s'ajoutait à la « visualisation positive » qui — si je me souviens bien — devait accompagner les traitements de chimiothérapie.

Rire soulage, détend. Rire laisse s'exprimer davantage que la joie, le plaisir ou l'esprit : c'est un verbe qui traverse le corps entier, qui secoue, qui ouvre.

En fait, rire force à voir autrement. Ça ne bouscule pas que notre corps, ça remet les choses en perspective, ça dédramatise, ça calme. En plus, rire est contagieux et se partage plus facilement qu'un baiser.

C'est tout bénéfice, quoi !

Pleurer

Qui peut traverser la vie sans verser une seule larme, ne serait-ce qu'une larme de froid, de vent trop violent ou de rire? Évidemment, pleurer évoque un état d'esprit, une émotion: le chagrin.

Paradoxalement, même si la quête essentielle de l'existence est souvent le bonheur, il est fondamental de percevoir la peine, le chagrin, et d'être en mesure de l'exprimer si on veut voir la couleur de la joie. Pas d'aurore sans nuit. Pas de lumière sans noirceur. Pas de vie sans aspérités. La tristesse fait partie du voyage. Et plus le voyage est riche, plus les émotions sont fortes et diversifiées.

Quoi qu'on fasse, il n'est pas possible de passer à côté de la peine. Et si on ne la nie pas, on peut en extraire un sens qui permet d'orienter sa vie vers une réalisation plus profonde.

Dans la mesure où on éprouve l'acuité de la peine, on éprouvera celle de la joie. Se rendre sensibles aux émotions qui nous habitent permet une intensité et un apprentissage.

Pleurer est l'expression d'émotions qui varient infiniment: on peut pleurer de dépit, de vanité, d'orgueil blessé, comme on peut pleurer à cause de la perte, du manque, de la dépression, la détresse, la séparation… On peut aussi pleurer de joie, de surprise. Chose certaine, en exprimant la dureté de certaines émotions qui marquent des passages ardus de la vie, on a une chance de mieux saisir ensuite les moments plus doux, plus consolants ou exaltants et de les goûter pleinement.

Les larmes enseignent davantage que les rires, et en coulant, elles nous libèrent d'un certain poids. Grâce à elles, le corps se soulage et la tension s'apaise. La peine prend forme, se nomme et peut enfin couler hors de nous.

Créer

Voilà un verbe qui pousse l'expression de soi vers un sommet. Pour créer, il faut exister férocement, absorber le monde avec sensibilité et restituer cet amalgame en inventant une image ou un univers qui dépasse l'unique expérience personnelle et prend une forme qui parle à tous non pas de soi, mais d'eux. Chercher l'universel en transitant par l'ultra-personnel.

Le créateur, quel que soit son art, doit ressentir avec force pour être en mesure de tendre aux autres une expérience qui les fasse éprouver et réagir à leur tour. L'œuvre d'art change le regard. Par la surprise, l'émerveillement, le dégoût parfois, la beauté, la perfection, l'œuvre d'art nous « rentre dedans » et ébranle notre façon de voir, de sentir et de comprendre.

Créer ne se fait pas à coups de volonté ou d'ambition. Il en faut, mais ce n'est pas l'essence de la création. Ceux qui dérangent par la provocation systématique sans rapport sensible au monde me semblent manipuler davantage que créer. Même un univers froid, glacial provient d'un créateur sensible. Le résultat de l'amalgame n'a pas à être représentatif du créateur mais de l'explosion que produisent le choc du monde dans lequel il vit et sa sensibilité. La création peut être une fuite. Elle peut être un sauvetage personnel, une échappée magnifique, une pure fantasmagorie, mais elle est rarement une illustration. Un rapport fidèle, un calque du réel ne suffit pas à créer. La valeur ajoutée, la rareté proviennent de la vision, de la compréhension spécifique, unique d'un univers parce que liées à la personnalité et à la sensibilité du créateur.

Pour créer, il faut être poussé de l'intérieur, parfois même jusque dans ses derniers retranchements. Il faut éprouver une pression, une urgence qui ne peut venir d'autrui ou du dehors. La volonté des autres n'est pas assez forte pour engendrer une œuvre.

Créer, c'est descendre vers l'inconnu qui nous habite et nous hante. C'est accéder à des zones sombres qu'on tient presque toujours à l'abri de toute lumière et de tout regard. C'est extirper l'inconnu de soi et lui donner une forme qui le rende éloquent. Ça ne se fait pas uniquement parce qu'on le désire, mais souvent parce que c'est la seule façon de respirer sans étouffer. Le processus dépasse parfois le créateur, mais il lui permet d'exprimer ce qui lui semble indicible.

Exprimer dans ma vie

J'étais une enfant sage. Tranquille et obéissante. Je ne m'exprimais pas beaucoup. Quand je le faisais, c'était avec des questions… qui énervaient ma mère. Je sentais son agacement davantage que je n'entendais ses réponses. Mon but premier était de ne pas l'irriter.

Toute petite, je me racontais des histoires. Très tôt, j'ai compris la splendide échappatoire qu'était l'imagination pour m'éloigner de ce qui ne me convenait pas. Imaginer, inventer, créer : c'était ma façon de composer avec les aspects de la vie qui ne faisaient pas mon affaire.

L'exubérance m'est venue à l'adolescence. L'intensité, la passion étaient en place depuis longtemps. C'est leur expression qui est survenue avec l'adolescence. À mesure que je sortais de chez moi, l'expression de ce qui m'habitait s'amplifiait.

La famille pour ressentir, la vie sociale pour m'exprimer.

C'est un peu court, mais ça résume quand même une bonne partie de ma trajectoire.

Mon premier manuscrit — écrit à la mine de plomb et avec un « transparent » qui servait à garder une certaine constance dans la ligne et l'inclinaison des lettres — était daté de mes onze ans. C'était, passage obligé semble-t-il, l'histoire inventée de mes parents. Leur rencontre et la venue au monde des premiers enfants. C'était comique, naïf et sans intérêt. La seule chose remarquable est que c'était truffé (déjà!) de dialogues et que j'ai arrêté le récit avant mon arrivée dans la famille. Je laisse aux amateurs le plaisir d'en déduire ce qu'ils veulent.

Encore aujourd'hui, je trouve que c'est cohérent : j'écris pour témoigner, mais pas pour avouer, m'expliquer ou, pire, me répandre. Même cette partie qui expose le « ... dans ma vie » me paraît discutable. Je l'écris avec une réticence remarquable. Le plus étonnant à mes yeux, c'est que je persiste malgré tout. Probablement parce que je m'y suis engagée — voir *Assumer*.

Dans ma vie, donc, m'exprimer a toujours été prioritairement écrire. De la fiction. Des mondes inventés, des personnages, des évènements qui devenaient si réels qu'ils prenaient le pas sur les vraies personnes. Je les préférais à mon entourage. Sans doute parce que je pouvais en faire ce que je voulais.

Mais c'est inexact : la fiction a ses règles et ne supporte pas la tyrannie de l'auteur. Changer le cours instinctif d'une histoire se paye en pages plates, sans ressort, en personnages muets, tétanisés par une volonté trop envahissante : la mienne. C'est un peu comme si le personnage se croisait les bras et me mettait au défi de continuer sans lui, puisque je me permettais de l'enrégimenter dans un comportement qui ne lui appartenait pas.

Être issue d'une famille nombreuse — nous sommes sept enfants — comporte ses avantages. Le premier est qu'on peut s'y cacher, échapper à l'attention. J'absorbais bien malgré moi les impacts émotifs de la famille et je m'en délestais ensuite en écrivant, ce qui libérait mon imaginaire et me permettait de galoper vers un ailleurs à la fois consolant, déroutant et exaltant.

Plus la vie me frappait par sa complexité, sa dureté et ses règles, plus l'écriture m'était nécessaire.

Et c'est toujours vrai : quand la vie bloque mes élans, ma fuite et mon ultime recours, c'est l'écriture. Ce qui signifie que la vie n'a pas frappé fort parce que je crois que les grandes déchirures paralysent l'accès à l'écriture. Sur le coup, du moins. Mais je ne suis pas partisane de la théorie des grandes souffrances porteuses de grandes œuvres... Pas besoin d'être maudit pour entrevoir ce qu'est la malédiction.

Marie Uguay, cette jeune poète morte avant d'avoir trente ans, disait que sa mort prochaine ne créait que du silence.

L'écriture est à la fois une action et une réaction. Le monde tel qu'il va, les gens qui nous entourent, nous atteignent et provoquent des réactions. Chez moi, c'est l'écriture. J'ai fait mon Conservatoire d'art dramatique et j'ai joué au théâtre pendant des années. Prendre en charge — physiquement et émotivement — un personnage fictif, lui prêter son corps, sa voix, sa sensibilité est déjà satisfaisant. Mais écrire, endosser tous les personnages, les arracher du plus profond de mes tripes, les laisser libres de prendre sur eux ce que je ne m'avouerais pas à moi-même, c'est encore plus jouissif. Ça peut déchirer à l'occasion, blesser, mais c'est quand même une sensation difficile à égaler. Forte drogue et fort risque d'addiction.

L'esclavage de l'écriture est bien le seul contre lequel je ne me débats pas. Parce qu'écrire m'est vital. Et si jamais la mort annoncée me réduit au silence, au moins j'aurai vécu d'incomparables extases. La connotation sexuelle de cette dernière phrase n'est pas accidentelle. Il y a deux moments dans la vie où l'abandon m'est essentiel pour assurer la réussite de l'entreprise : l'amour physique et la création. Il faut s'abandonner si on veut être soulevé, transporté, exilé de soi et pourtant au cœur de soi. C'est à la fois dangereux et palpitant.

Enfin, même si l'écriture permet de libérer à l'occasion des émotions qui prennent racine dans un passé enfoui, je n'écris pas pour me soigner, m'offrir une thérapie déguisée ou me comprendre. Comme le disait si justement un écrivain dont j'ai oublié le nom : je ne suis pas malade, pourquoi je me soignerais ? J'utilise la totalité de mon être, conscient et inconscient, sans scrupules, mais sans désir d'en apprendre plus long à mon sujet. J'ai un ego, mais je ne m'intéresse pas à ce point-là. Et mes petits malheurs sont très communs et sans grande envergure. J'ai surtout la chance inouïe de mettre ma sensibilité — certainement démesurée — en action à travers la fiction.

Rire dans ma vie

Je suis rieuse et moqueuse. Ma mère me résumait ainsi : « Pourquoi une fille tellement de party écrit des choses aussi tristes et dramatiques ? Je comprendrai jamais où tu vas chercher ça ! »

L'un n'empêche pas l'autre, mais en n'exprimant pas l'un, on réprime l'autre.

S'il y a une chose que j'aimerais, ce serait de faire rire les gens, les entendre rigoler dans une salle de théâtre, pour ensuite les voir essuyer une larme : la totale.

J'aime rire, mais je ne suis pas douée pour la comédie, même légère. Il ne faut pas trop en demander, je pense. Écrire, c'est déjà tout un cadeau.

Pleurer dans ma vie

Je ne pleure pas beaucoup, ni souvent. C'est un moyen d'expression qui me dépasse. J'ai le chagrin plutôt sec. Le deuil interminable et rocailleux. Mon cœur devient lourd comme une roche, mais rien ne se liquéfie.

Parfois, en écrivant, la réserve des grandes eaux s'ouvre et les larmes maculent ma page. C'est un des rares moments où ça m'arrive.

Je me souviens qu'un certain passage de *Quelques Adieux* me bouleversait. Pourtant, ce n'était pas particulièrement fulgurant, plutôt sobre. Mais je ne pouvais pas relire ce passage sans pleurer. Un jour, une lectrice m'a écrit qu'elle a dû stopper sa lecture à cette page exactement. Elle pleurait trop pour discerner les lettres. Merci à elle qui m'a pratiquement permis d'accepter cette expression de chagrin qui me semblait jusque-là exagérée.

Comment est-il possible que je pleure la mort de Gabrielle (dans *Le Goût du bonheur*) ou celle de Rémy (dans *La Cérémonie des anges*), alors que les morts de ma vie m'emprisonnent dans un chagrin sec ? La fiction prend peut-être ma réalité sur ses larges épaules et elle m'offre enfin l'occasion de poser mon fardeau. Le temps d'une phrase porteuse de larmes.

Respecter

Il est ancien, ce verbe. Il prend des airs de vieilles décorations de Noël remisées depuis long-temps. Il sent presque le camphre ou les boules à mites. Et pourtant… on aurait bien besoin de lui dans notre société si moderne, si affranchie de tout, incluant de la politesse la plus minimale.

Respecter et se respecter, ce n'est pas insignifiant. C'est ce qui conduit à l'ouverture, à l'é-change qui dépasse le matraquage, à la bonne intelligence d'un rapport.

Le respect n'est pas inné. Ça s'apprend. Ça se développe même. Ce n'est pas l'apprentissage le plus facile, mais en revanche, il est très rentable.

Respecter, c'est reconnaître que l'autre existe, qu'il a des droits et que notre petite personne n'est pas souveraine. Bref, tout le monde ne peut pas réclamer le statut de véhicule prioritaire d'une ambulance ou d'un camion de pompiers. Respecter, c'est laisser vivre l'autre et ce qui nous est étranger — donc possiblement inquiétant — sans hargne ni dépit, sans chercher à l'écraser ou à le repousser. C'est laisser vivre même ce qui s'oppose à soi.

La différence existe. Même entre les membres d'une famille, l'égalité n'est pas courante. Alors, quand on se frotte à très différent, à très éloigné de ce qui nous rassure, le premier mouvement peut être une défense, un rejet, voire une attaque. Apprendre à respecter, c'est apprendre à vivre avec l'autre, à discuter, à négocier.

Nous ne sommes pas des îles désertes qui flottent sur un océan bienfaisant sans jamais s'entrechoquer. Nous sommes tous sur l'île et, tant que nous nous respectons, nous pouvons vivre ensemble. À partir du moment où un seul individu décide qu'il n'y aura pas de place pour quelqu'un, quelle que soit la légitimité sur laquelle il fonde son rejet, les hostilités sont engagées.

Si la réponse à la différence est l'exclusion et le combat, le monde court à sa perte. Et nous aussi.

Prétendre détenir la totale vérité, vouloir l'imposer à tous — de force s'il le faut — rendre son dogme, sa croyance ou sa conviction absolus, c'est décider que l'autre doit s'incliner, y adhérer et suivre ses règles. C'est abolir la liberté. Le verbe « respecter » est né dans le mot « liberté ». À partir du moment où il y a un individu qui impose et d'autres qui se soumettent, le respect disparaît. Parce qu'il s'agit rarement d'une persuasion pacifique. La terreur est l'arme de ces « convaincus ». Le tyran le plus intransigeant n'a aucune notion du respect, sauf pour lui-même. Imposer sa doctrine signifie obliger les autres à ne plus se respecter pour le respecter lui, le despote.

Au Moyen Âge, les roux étaient suspectés d'être d'origine diabolique : on les brûlait vifs. Un enfant né borgne, louchant, boitant ou handicapé de quelque façon a longtemps été considéré comme « marqué » par le divin pour incarner la punition des écarts des parents : on l'isolait.

De tout temps, la différence a inquiété, et cette menace a souvent été perçue comme une forme d'attaque à laquelle la réponse devait être la violence.

C'est un cercle vicieux connu : celui qui impose le respect par la force ne respecte rien d'autre que lui-même et sa peur. Le respect devrait être un traité de non-agression.

Ce qu'on respecte, on le considère, on le protège et le préserve. À partir du moment où un profit ou un avantage est plus respecté qu'un être humain, le chemin de l'exploitation et de la spoliation est ouvert. La perspective du bénéfice immédiat a fait oublier le respect de par le monde. Soudain, la nécessité fait loi. Et cela, même s'il s'agit de la nécessité du profit grimpant.

Un génocide est l'illustration horrible de l'extrême où peut mener l'absence de toute autre considération que son point de vue. Dans ce cas, l'extinction de l'autre est justifiée historiquement, géographiquement, selon le sexe, l'ethnie ou même la race. Ce n'est pas l'économique qui prévaut, c'est la préséance : la dictature absolue du respect de l'un au détriment de l'autre. Une sorte de droit moral qui conduirait à l'immoralité totale, puisque le but est d'éliminer la population « dérangeante », de l'affamer, la faire taire, l'appauvrir, la rendre impuissante ou la réduire à l'ombre d'elle-même.

Qu'ont fait les Amériques de leurs Autochtones, la Nouvelle-Zélande de ses Maoris, Israël de ses Palestiniens, la Turquie de ses Arméniens, les Allemands nazis de leurs Juifs, la Serbie de ses Bosniaques, le Rwanda de ses Tutsis, et tant d'autres ? Il n'y a pas qu'une façon de tuer.

L'intimidation quotidienne et le harcèlement constituent une violence qui est supportée longtemps sans répliquer. Il suffit de lire les effroyables statistiques des viols pour comprendre qu'une différence sexuelle est encore un terrain mouvant où le respect n'est pas acquis. Comment pourrait-il l'être si dans certains pays on tue l'embryon — et quelquefois aussi le nouveau-né — parce qu'il est femelle et qu'il « coûtera » quelque chose sans rapporter son investissement ? Comment pourrait-il l'être alors qu'on s'acharne sur le corps des femmes qui n'ont aucun choix, outre celui de respecter leur agresseur tout-puissant ? Les crimes d'honneur, les mutilations génitales ont encore les femmes comme cibles, et aucune consolation ne viendra du fait qu'on lapide aussi des hommes ou qu'on en exécute pour cause d'homosexualité. La barbarie humaine est sans limites.

Où est le respect quand, pour quelques milliards, on sacrifie l'avenir en polluant l'eau potable ? Quand on détruit et massacre la planète et ses habitants, quand on laisse des enfants de moins de dix ans se tuer à l'ouvrage pour s'en mettre plein les poches et faire tourner un système économique qui, dans sa folle expansion, ne manque pas de respecter toujours les mêmes ? Un système qui écrase sans pitié ces petits payeurs qui se battent pour leur survie et leur dignité. Leur respect d'eux-mêmes.

Respecter devrait se conjuguer à tous les niveaux de la société : du plus bas au plus haut, mais il est généralement plus simple à vivre dans les hauteurs puisqu'il y a moins de monde. Question d'oxygène, sans doute.

Nos sociétés ont tendance à protéger le plus fort, à déconsidérer les gens qui n'ont pas fait la preuve de leur débrouillardise. Cette course inégale commence avec l'éducation et l'instruction. Il n'est quand même pas accidentel que les gens emprisonnés aux États-Unis soient en majorité noirs et sous-instruits ? Que des centaines de femmes autochtones puissent disparaître au Canada sans qu'on s'en soucie et sans même que le système policier les recherche ou réponde aux parents angoissés ? Sans qu'un semblant de respect afflige la face des dirigeants qui refusent toujours d'ouvrir une enquête ?

Comment assurer le respect des institutions à notre égard si on ne possède même pas les mots pour expliquer un comportement abusif ? Si on n'a pas les mots pour se défendre, les mots pour comprendre ? Comment continuer à respecter un système qui fait de l'ignorance sa pierre d'assise ? Un système où les dirigeants n'ont de respect que pour leurs semblables : les bien pourvus, ceux qui détiennent le pouvoir ?

Se respecter veut parfois dire dénoncer, discuter et résister. Il faut signifier à autrui qu'une limite a été dépassée et qu'il est temps de revoir la donne. Plus on a de mots, de concepts et d'instruction, plus il sera simple de parler, de convaincre et de reconstruire. Moins on en a, plus le sentiment d'impuissance risque de se muer en violence… et en non-respect.

Une des premières valeurs à inculquer à un enfant est le respect. De cette façon, il sera muni d'un référent pour évaluer les situations : est-ce

qu'on me respecte ? Est-ce que je respecte l'autre ?
Est-ce que la réponse à l'une des deux questions
précédentes est en train d'annuler la réciprocité ?
Question délicate et difficile, puisque quand les
deux côtés réclament plus de respect qu'ils n'en
témoignent, le conflit s'ouvre. La tragédie, elle,
naît quand les deux parties qui s'opposent ont
raison. Et la guerre éclate quand une des parties
ignore totalement la définition du respect.

Respecter dans ma vie

Vivre dans une famille nombreuse rend le respect indispensable. L'apprentissage se fait très vite et les limites sont claires et nettes. J'ai su très tôt qu'on ne répliquait pas aux ordres de mes parents, que mes sœurs aînées avaient la priorité et que ce qui appartenait à chacun n'était pas d'usage général. Mon père disait souvent que notre liberté s'arrête là où commence celle de l'autre.

Quand on est plusieurs et que l'espace est restreint, il faut «être raisonnable», s'occuper des plus petits et mettre la main à la pâte. Ce qui m'a été difficile, ce n'était pas de comprendre les règles, d'y obéir ou de penser aux autres. C'était de me trouver. De tenir compte de mes besoins ou de mes envies, de me respecter, quoi!

Attention, je n'étais pas une martyre ou une mère Teresa dévouée et oublieuse d'elle-même:

j'étais sensible à l'autre. Je comprenais les besoins et, ne connaissant pas bien les miens, je trouvais beaucoup de satisfaction à combler les attentes des autres. Surtout celles de mes parents. Être serviable, être celle qui aide, celle en qui on peut avoir confiance m'apportait beaucoup plus qu'il m'en coûtait. Un peu comme être première à l'école. J'avais l'impression de bien agir. De convenir.

Ce n'est que plus tard, à l'adolescence, que j'ai commencé à trouver cela plus lourd. Je voulais m'affranchir, sortir, et on me tirait vers des obligations que j'avais acceptées auparavant, mais qui finissaient par m'embêter.

Pour me respecter, il a fallu que je trahisse la première de classe que j'étais, que je déçoive ceux qui espéraient de moi une obligeance et une constance que je n'éprouvais plus. Je ne me suis pas affirmée vraiment, j'ai plutôt fui lâchement. Pas d'annonce, pas d'avertissement à mes parents : j'ai loué mon premier appartement sans le leur dire et j'ai vécu à cheval entre les deux endroits pendant je ne sais combien de semaines avant de les informer que je n'habitais plus avec ma famille.

Manque de courage ? Probablement. Mais surtout une envie de vivre à mon goût, selon mes besoins et mes désirs sans m'en expliquer ou me justifier. Envie de me respecter... sans croire que le communiquer forcerait le respect de ma décision.

Discerner qui on est et ce qu'on désire vraiment est plus difficile que critiquer et rejeter les autres. Respecter autrui est un apprentissage que j'ai trouvé plus simple qu'apprendre à me respecter. Question de circonstances, je suppose. Ou de dispositions. Aujourd'hui, la frustration d'un enfant unique est impensable pour la plupart des parents... et c'est dommage. Être déçu, frustré ne tue pas. Ça nous apprend à composer avec la colère. Très précieux de savoir quoi faire avec ces mouvements instinctifs de rejet. Naître dans une famille nombreuse oblige à considérer l'autre, si ce n'est à le respecter. Et si l'idée nous vient de l'écraser, on a affaire à s'armer ! Mieux vaut apprendre tout de suite à entendre autrui et à le laisser vivre. À privilégier l'harmonie, tant qu'elle ne nous nie pas.

L'égocentrisme que je déplore chez beaucoup de gens prend appui sur une sorte de légitimité omnipotente qui a pris des proportions monstrueuses : trop de respect de soi empêche celui des autres. L'enfant despote qu'on laisse nous tyranniser aura bien du mal à devenir un adulte respectueux. Sa sensibilité ne servira que son bénéfice et son usage exclusifs : des heures difficiles nous attendent.

J'ai appris à dure mais bonne école.

Douter

Quel verbe insidieux... C'est comme un ver aussi petit qu'une épingle et qui semble inoffensif. Un petit ver qui gruge les fondations de la personne et qui peut créer assez de vide pour que l'ensemble s'effondre.

En même temps, ce ver peut sauver en aérant une base en voie de se calcifier.

Douter n'est pas de tout repos. Ce verbe flirte avec le meilleur et le pire. Cette fois, c'est l'ampleur de sa présence qui en marque les bienfaits ou les méfaits. Tout comme boire, vaut mieux douter avec modération. Mais qui peut se vanter de pouvoir ralentir le doute ravageur?

Autant ceux qui ne doutent jamais sont inquiétants et dangereux, autant ceux qui s'y adonnent sans cesse peuvent finir tétanisés.

La difficulté, c'est d'arriver à freiner le doute, à l'équilibrer, à le garder dans des proportions raisonnables. Il suffit d'une petite baisse d'énergie pour que douter nous prive de nos moyens. Il faut être en forme pour douter !

Et pourtant, écarter le doute du revers de la main peut être bien cavalier et provoquer des désastres. Bref, voilà un verbe à ne pas prendre à la légère.

Douter cinq secondes devant un feu, et les ravages sont irréversibles.

Douter deux heures devant une nuance de gris pour les murs du corridor n'a aucune autre incidence que la perte de temps.

Si on a une arme accrochée à son flanc et qu'on hésite avant de tirer, ça a davantage de conséquences que le temps qu'on met à choisir son repas au restaurant.

Là n'est pas l'importance de cette action, bien sûr.

Douter fait partie de la dynamique de la création. Les artistes — et pourquoi pas toute personne ayant des responsabilités ? — doivent à la fois activer et écarter le doute. Lui laisser suffisamment de place pour que l'œuvre y gagne et stopper une ingérence qui en sonnerait le glas.

Douter s'appuie autant sur l'intelligence — compréhension, analyse, perception, amalgame du savoir-faire et du senti — que sur l'assurance… ou son manque. Pour caricaturer, le doute permet d'améliorer jusqu'au moment où, poussé par la peur, il prend le contrôle et détruit.

Il faut une bonne dose de confiance pour fréquenter ce verbe. Et d'humilité.

Si, lors d'une dispute, on vous charge de quelques défauts que vous n'avez jamais pensé avoir, votre réaction est-elle de douter, de réfléchir en remettant en question votre évaluation ou de sauter à la gorge de cet opposant qui ose vous juger ?

Douter, c'est savoir certaines choses et être prêt à améliorer ses connaissances.

Ne pas douter indique soit une certitude inébranlable — qu'elle soit juste ou fausse — soit une fermeture basée sur un entêtement plus que sur une assurance. Douter est une manière d'ouvrir la porte et de faire montre d'une certaine honnêteté intellectuelle. Ce qui ne veut pas dire changer d'idée, mais considérer une autre façon de voir… avant de prendre une décision ou de tirer une conclusion.

Douter est subordonné à un autre verbe de grande importance : réfléchir. C'est aussi reconnaître sa fragilité et la possibilité de se tromper.

Étrangement, douter repose sur le tangible et se douter sur l'intangible.

On se doute, on pressent, on flaire quelque chose qui est tout, sauf une évidence. C'est un clignotant rouge qui s'allume avant que la moindre fumée n'apparaisse.

Douter survient quand quelque chose est là, présent, assuré. Se douter fait appel au sixième sens, à l'instinct, au monde impalpable.

On dit aussi craindre, hésiter… pour tout ce que l'incertitude de douter instaure. C'est l'exact opposé de l'omnipotence et du despotisme. C'est la possibilité de se tromper, le savoir et assumer. C'est assez noble, finalement… même si c'est extrêmement ennuyeux à éprouver.

Nous avons tendance à mépriser le doute, à ne pas le voir d'un bon œil. Un dirigeant qui doute est perçu comme faible. Alors qu'un peu de doute nous éviterait tellement de problèmes.

Combien de fois ce verbe traverse-t-il nos vies ? Beaucoup.

Combien de fois doit-on lutter pour l'écarter ou ajuster notre tir ? Beaucoup.

Il faut se dire que tant qu'il est présent dans nos vies, nous sommes humains, conscients de l'être et que nous tendons vers l'amélioration.

L'absence de doute signifie soit qu'on est mort, soit que le contact avec le réel s'est perdu au profit de l'ego. Au choix…

Douter dans ma vie

Pour être honnête, ce verbe s'est imposé parce que le doute sur l'utilité, la nécessité ou même l'intérêt de ce projet commençait à me ronger au point de risquer d'arrêter.

Je suis souvent prise de doutes. Écrire n'est absolument pas générateur d'assurance pour moi. Je sais que je veux le faire, je crois que je dois le faire, mais tous les doutes m'étreignent pendant que je le fais.

Finalement, je n'ai aucun regard ou jugement sensé sur ce que j'écris, du moins le temps que je l'écris. Une fois terminé, j'éprouve un doute que je qualifierais de monumental. C'est assez désagréable.

Est-ce un indice de lucidité ou de frilosité? Les deux, je présume. Je nourris énormément d'espoir dans un projet et j'en constate les limites à mesure que j'avance. Alors, je crains de ne pas atteindre le quart de mes attentes.

On me demande souvent quel titre est mon préféré ou celui auquel j'accorde le plus d'importance ou d'intérêt. Je ne peux jamais répondre à cette question parce que chaque livre contient son ciel et son enfer. Chaque écrit a généré ses doutes et ses bonheurs. Et s'il n'a rien généré, il n'existe pas pour la simple raison que si je ne ressens rien, qui le fera?

Douter est une danse difficile. Rien ne sert de s'épuiser à le cultiver, le doute survient et on s'arrange avec.

Le doute me cravache, m'oblige à retravailler, à peaufiner et à reprendre ce qui me paraît insuffisant, approximatif ou mal écrit.

Ça peut me décourager, mais je ne cède pas. Je persiste. Je me dis qu'il se peut que je me trompe totalement, mais je me tromperai en terminant au meilleur de moi-même ce que j'ai commencé. Et je ne crois pas que le doute ait plus à voir avec la vanité — désirer écrire «le» livre — qu'avec le respect du projet et du lectorat. Si je doute, c'est que je suis partagée. Duras disait: «Le risque de l'écriture, c'est de ne pas être compris.» Ce risque, je le prends, mon doute ne concerne pas tant la réception que la création. Est-ce la meilleure façon de dire, de témoigner? Est-ce achevé? Suffisamment clair? Trop? La structure sert-elle le propos? Et ces questions, je suis à peu près seule à y répondre. Et à assumer.

Je me souviens de certains doutes en écrivant les manuscrits de mes romans, cet «à quoi ça sert?» qui revient avec régularité si ce n'est avec obsessivité, et je continue quand même, acharnée que je suis.

Même maintenant, en écrivant, la question me hante: ça donnera quoi à qui de lire ces lignes?

Au moins saurez-vous que j'ai douté, persévéré, et que si vous lisez, c'est que j'aurai assumé mon erreur ou mon bon coup. C'est selon. Et ce n'est pas moi qui décide. Ni la critique. C'est le lecteur.

Mon père aimait répéter ce proverbe: *Dans le doute, abstiens-toi!*

On peut dire que je n'ai pas suivi ses conseils, le pauvre!

Ma maxime serait plutôt: «Dans le doute, ralentis, réfléchis et repars bravement!»

Bref, ne laisse pas le doute de côté, mais ne le laisse pas devenir du curare.

Apprendre

S'instruire est une chose. Apprendre ratisse plus large. On peut s'instruire et n'avoir rien appris. On peut apprendre sans étudier.

Apprendre, c'est emmagasiner du savoir de toutes les façons possibles : intellectuelle, sensible, amoureuse, émotive, expérimentale. Et le passage du temps est un grand maître d'apprentissage. On apprend des autres, de soi et des évènements. On apprend jusque par répugnance, pour éviter d'adopter certains comportements.

Il y a des gens qui n'apprennent jamais rien. Ils s'enferment dans un immobilisme et répètent les mêmes erreurs toute leur vie.

Je me demande si apprendre n'exige pas plus d'humilité que d'intelligence. Reconsidérer une position à la faveur d'un nouvel élément — qu'il soit fourni par la science pure, un grand-père avisé ou l'expérience — requiert une ouverture d'esprit que l'instruction peut favoriser mais qu'elle n'impose pas.

Finalement, il est possible de mémoriser et de réciter une fable de La Fontaine sans en tirer son sens et son jus.

Pourquoi ce verbe est-il plus important que s'instruire ? Parce qu'il absorbe l'instruction et lui donne un sens, une direction. Il y a des gens qui vont toujours poser des questions inattendues, surprenantes parce que leur quête les pousse sans cesse vers l'avant. Jusqu'à des points que la science en général ne touche pas. La logique fait partie de ces points : il y a des gens incapables d'admettre le mystère. Parce qu'il est illogique ou qu'il s'appuie sur de l'inexplicable. Question de foi, sans doute, mais aussi question d'esprit. Pourquoi un et un font-ils deux ? À première vue, c'est un départ bancal, mais la suite, la logique de l'addition et celle de la multiplication qui ne sautent aucune possibilité et qui vont bon train sans faille, la suite est si bien construite, si impeccable que la prémisse en devient acceptable... pour un esprit non mathématique. (Il demeure fortement probable que mon esprit non mathématique ignore le fondement prouvé du point de départ. Mais c'est une illustration.)

Le cas des mystères de la religion est pas mal plus ardu : pourquoi Ève sort-elle d'une partie du corps d'Adam, alors que les hommes sont incapables d'accoucher ? Consolation mythique ? Et pourquoi est-ce elle qui pousse Adam à consommer l'interdit ? Anecdote insignifiante ? Ce n'est pas certain. Si les fondements d'une religion si répandue font qu'on comprend — et qu'on apprend — le sens de la vie terrestre à travers une parabole qui montre la femme infé-rieure en plus d'être mauvaise conseillère, ce n'est pas sans effet sur les rapports homme-femme.

Ce sont des exemples — il y en a mille — de ce qui est enseigné, de ce qui donne un sens. L'apprentissage peut confirmer, infirmer ces connaissances, ou les nuancer. En fait, un et un, ça fera toujours deux, mais les responsables de l'éviction du paradis terrestre ne seront jamais seulement les hommes... ou seulement les femmes, selon le point de vue.

Apprendre, c'est aller au-delà de l'enseigne-ment pur et dur. C'est associer ce que l'on sait avec ce que l'on a compris de façon empirique. C'est donc un verbe qui demande et qui utilise du temps. Il y a des choses qu'on apprend jeune et pour toujours. Et il y en a qu'on apprend sur le tard, une fois l'expérience acquise, les essais et erreurs effectués. C'est toute la différence entre lire une recette, la savoir… et la réussir, en faire un plat mangeable. Certaines personnes sont capables de nous réciter tous les effets du bicarbonate de soude sur les aliments, mais elles ne sauraient concocter un seul biscuit. On peut décoder un mécanisme, un système sans pour autant comprendre comment ça marche vraiment.

Un des facteurs d'apprentissage les plus sti-mulants est le besoin. Quand un besoin devient criant, on apprend mieux et plus vite.

On peut apprendre toute sa vie, et on le devrait. Quand ce verbe devient obsolète, une perte de vitalité s'ensuit, sorte d'affaissement de la présence au monde. Apprendre est à la portée de tous, c'est un verbe démocratique : jeune ou vieux, riche ou pauvre, tout le monde est en mesure de tirer des conclusions des expériences de la vie. On prend même des décisions en fonction de cet apprentissage. Apprendre est moins aisé pour les gens qui n'ont reçu aucune instruction, c'est vrai, mais c'est quand même possible.

Combien de fois prétendons-nous avoir appris notre leçon ? On se le répète pour éviter de retomber dans les mêmes pièges. C'est une école plus dure que celle de la théorie, parlez-en aux gens qui se retrouvent en couple avec une personne qui reproduit des comportements qu'ils ont pourtant tenté de fuir toute leur vie.

Quelquefois, on peut même apprendre qu'on se réfugie dans un connu désagréable et ruinant plutôt que d'affronter l'angoissant inconnu.

Quelquefois, on apprend qu'intervenir, refuser, s'opposer est très exigeant et peu garant d'un changement... mais on se tient quand même debout, on refuse quand même l'inacceptable parce qu'on a aussi appris que le courage, la détermination et la solidarité peuvent inverser le cours «logique» ou classique des choses.

Parce qu'apprendre mène à la responsabilité. Ce n'est pas un verbe inoffensif.

Apprendre dans ma vie

C'est un verbe que je vénère. Il fait passer l'amertume de certaines expériences parce qu'il m'enseigne tant de choses.

Je suis une curieuse, une questionneuse, et ce n'est pas d'hier. Ça peut être difficile à vivre… surtout pour les autres! Une raison ou une explication ne me suffit pas. Il me faut toujours aller plus loin, débusquer les mobiles profonds, comprendre les mécanismes humains qui sont à l'origine de ce qui me dérange. Les mécanismes de la laveuse ou du chauffage, par contre, m'intéressent pas mal moins.

Je ne questionne pas que les autres, j'y passe, moi aussi. Et je persiste tant que la réponse ne me semble pas complète.

Je veux comprendre… pour apprendre.

Ce que j'ai appris de plus important ne m'était souvent pas très sympathique : par exemple, qu'on change peu et péniblement. Et surtout, qu'on ne change pas les autres.

On dit souvent qu'étant jeune on veut changer le monde. C'est vrai. Ça l'était pour moi. J'en rêve encore d'ailleurs… tout en sachant l'entreprise démesurée pour mes deux seuls bras. Mais ce que je croyais dans ma toute-puissante jeunesse, c'est que je pouvais convaincre l'autre de changer. Avec de bons arguments, avec une démonstration intelligente, brillante, pourquoi pas ? J'ai appris que l'intelligence n'a que peu de pouvoir devant la peur. Et la peur est souvent la mère des comportements de fuite.

Respecter la capacité de l'autre, ça aussi, je l'ai appris. Tout le monde n'a pas l'étoffe d'un héros. Et c'est parfait comme ça. Mieux vaut le savoir… et l'accepter.

Bousculer, critiquer, questionner : je ne crois pas pouvoir échapper à ma nature et je le ferai jusqu'à mon dernier souffle, c'est sûr.

Mais croire que ma question va ébranler le confort des tout-puissants, ça non. On peut achaler, agacer, mais pas vraiment révolutionner. J'ai la conviction que persister peut déstabiliser ce fameux confort, et c'est déjà quelque chose.

Apprendre, c'est tirer à soi l'enseignement de l'expérience, et je crois qu'on doit le faire d'autant plus qu'on avance en âge. Cesser d'apprendre, d'exercer sa curiosité et sa logique, ce serait renoncer à un des seuls avantages de vieillir. La somme de ses expériences constitue toute une école. On serait fou de ne pas en profiter.

Et de ne pas en faire profiter les autres dans la mesure du possible.

Une des plus grandes leçons que j'ai apprises, c'est que la peur est bien plus que mauvaise conseillère, c'est l'ennemi à abattre, rien de moins. La peur et la vanité.

Je me souviens du jour où mon père s'est inquiété de me savoir « encore » en train d'écrire une nouvelle pièce de théâtre. Il m'a suggéré d'attendre, de ne pas me relancer au-devant de la critique et d'un éventuel éreintement. « Ils viennent de dire du bien de ta dernière pièce, pourquoi risquer déjà ? » J'étais sidérée de voir que cet homme pourtant cultivé ignorait l'essence même de la création qui ne dépend de rien d'autre que de la nécessité intérieure. Il voulait me protéger de la déception, croyant que plaire m'importait davantage que dire. Il avait peur pour moi. Peur que je sois détruite par une réception hostile à mon œuvre. Pourtant, il avait eu des commentaires très durs sur ce que j'avais écrit. Je crois qu'il s'estimait en droit de le faire, lui, mais que personne d'autre ne devait l'imiter!

La peur, on ne peut l'éviter, mais je crois qu'on peut la repousser, la vaincre ou du moins la combattre avec cœur et courage. Impossible de ne pas l'éprouver si on est le moindrement lucide. Mais apprendre à la gérer, à la percevoir dans ses moindres ruses et à la remettre à sa place, c'est essentiel pour mieux vivre.

La vanité… quelle nuisance! Quelle perte de temps, et pourtant, comme elle en mène large! C'est encore la peur, mais la peur centrée sur soi, sur ce que l'autre va penser de nous. La reconnaître quand elle règne, c'est déjà beaucoup parce qu'elle sait se déguiser, elle passe souvent pour autre chose. Dans l'écriture, il y a toujours un moment où la vanité s'insinue et se prend des airs de « saine évaluation ». C'est quand on se met à relire en se prenant pour l'éventuel critique, quand on juge au lieu de seulement écrire, corriger et se relire. Quand, en écrivant, on n'est plus écrivain, mais lecteur. Tout ça pour se prémunir contre le jugement. Pour ne pas être soumis à la critique. Mais écrire, c'est se soumettre, s'en remettre totalement au lecteur. Lui faire confiance pour la compréhension. Vouloir régner dans la tête du lecteur, c'est illusoire et déplacé. J'ai appris à assumer ce que j'écris, peu importe ce qu'en pensera le lecteur ou à plus forte raison la critique. Je n'écris ni pour être géniale ni pour faire croire que je le suis. Écrire me dépasse.

Il me faut quand même mentionner qu'un des lieux d'apprentissage les plus riches à mes yeux, c'est la lecture. Je crois que les livres m'en ont appris plus sur l'être humain, ses travers, ses grandeurs et ses excès que tous les jours de ma vie. En lisant, je recrée le monde en prenant une distance vis-à-vis de ma petite personne. S'échapper à travers les pages d'un livre, c'est à la fois décrocher du quotidien et se rapprocher de soi. Un soi profond, quelquefois enfoui sous les réflexes et les habitudes de vie, un soi qui patiente au fond de nous. Les livres sont de grands alliés, d'indéfectibles amis qui m'ouvrent l'esprit et le cœur et qui me permettent de comprendre le monde dans lequel je vis et contre lequel, parfois, je me démène, de comprendre les gens que j'aime et ce qui m'anime au plus profond de mon âme. Lire détruit beaucoup de barrières et m'offre le monde.

La musique fait le reste.

Quitter

Pas facile, celui-là. Et pourtant nécessaire.

Quitter, être quitté, se quitter… même dureté. Ça fait mal. Et si on le fait mal, ça nous poursuit la vie entière.

Quitter l'enfance pour devenir adulte, quitter un cocon qui tenait si chaud qu'on dormait sans s'inquiéter, quitter un amour, quitter un travail, un ami, un milieu, un pays.

Quelles que soient les raisons, quitter, c'est effectuer une cassure. Et l'être humain adore ses habitudes, ses conventions rassurantes. La plupart du temps, l'être humain préfère que les choses restent les mêmes.

Il est étrange de constater que pour ne pas toucher à ses habitudes on peut en arriver à se quitter soi-même plutôt que de partir, de s'éloigner.

Prendre ses distances avec sa nature propre pour ne pas avoir à le faire avec autrui.

Il y a des gens qui partent d'un coup, sans pré-venir, comme on arrache un pansement collé sur la peau. Parce que la chose leur est si difficile qu'ils attendent d'être en péril pour le faire — souvent sans égard aucun pour ceux ou ce qu'ils quittent. L'urgence devient un levier et quitter est comme une explosion soudaine. Il faut le faire, ça presse ! Et que ceux qui ont le malheur de res-ter derrière s'arrangent avec les conséquences !

Il y a ceux qui partent sans partir ou qui en parlent sans le faire : agonie quotidienne qui devient une menace exercée sur les autres qui demeurent sur le qui-vive, angoissés. La pire de ces menaces étant celle du suicide. Le « un jour tu vas rentrer ici et tu me trouveras mort(e) ». C'est un supplice à double tranchant qui para-lyse la vie de tout le monde. La toute-puissance d'une phrase comme celle-là n'est pas facile à contrer. Combien de gens, englués dans cette menace, coupables, terrorisés et impuissants se sont-ils rayés de leurs priorités pour ne pas manquer à la personne qui joue avec l'idée de tout quitter ?

Il y a aussi ceux qui ne partent pas sous pré-texte que l'autre en perdrait le goût de vivre…

illusion sans doute réconfortante pour un ego chancelant. Mais nous savons fort bien que l'autre se remettra et que si la vie n'est plus celle qu'elle était, le changement a même des chances de réveiller des forces insoupçonnées.

Être quitté, l'auxiliaire le dit, c'est subir la séparation, se la faire imposer. Bouger contre sa volonté, à son corps défendant, quoi! Il y a des raisons hors de notre minuscule pouvoir.

La mort, bien sûr, la maladie parfois — ce terrible alzheimer — et le temps qui gruge les élans du cœur jusqu'à l'absence de cœur et l'omniprésence des rites qui en viennent à tenir lieu de sentiments. Ces couples vidés d'émotions et de tentations, mais qui tiennent grâce au fil des traditions, des habitudes.

Mais la vie aussi: on peut être quitté pour la liberté, pour tenter quelque chose, pour évoluer, se réaliser ou réaliser un rêve.

Les parents sont quittés avec, à la clé, une volonté positive et un résultat encourageant, puisque leur enfant leur dit: «Je suis élevé, je suis adulte, merci pour tout, je pars vivre à fond et je vous donnerai des nouvelles.» Plus le travail parental est fait avec brio, plus un enfant s'en ira avec assurance, libre… et plus le plaisir d'avoir réussi l'entreprise sera teinté d'une certaine tristesse pour les parents. Pas facile de voir partir le poussin qu'on a couvé et tant stimulé à s'affranchir tout en devenant responsable. Ça a beau être leur vœu le plus cher, c'est aussi celui qui coûte le plus cher au cœur des parents. Comme quoi ce verbe n'est pas sans paradoxes.

On peut d'ailleurs quitter avec courage. Comme on peut le faire par lâcheté.

Que ce soit pour se reconstruire — les alcooliques en savent quelque chose en s'éloignant des anciens compagnons d'alcool — pour se refaire une santé mentale en quittant ceux qui harcèlent, ceux qui abusent, les membres d'une famille qui tuent à petit feu à force de rejet, de négation, de négligence, pour se donner une chance, reprendre des études ou partir vers l'inconnu, tous ces cas de figure demandent du courage.

Mais partir au loin, fuir ses obligations, les renier, faire défaut à un ami, quitter femme, homme ou enfants, ça peut aussi être signe d'un manque de courage et d'envergure, d'une course éperdue vers la déresponsabilisation, vers un néant où rien ne sera exigé ou demandé. Ce « quitter » qui veut aussi dire « abandonner » a pas mal moins d'allure. Et il s'accompagne souvent d'un procès d'intention où tout le monde a son lot de responsabilités… sauf la personne qui a tout planté là.

C'est le sociologue Fernand Dumont, dans *Genèse de la société québécoise*, il me semble, qui a approfondi avec une grande justesse cette nécessité de quitter, de laisser son milieu derrière soi pour en conquérir un autre, s'élever et échapper à sa condition sociale. Que seraient les Québécois d'aujourd'hui s'ils n'avaient pas quitté l'état d'humiliation historique de leur condition de porteurs d'eau, de sous-fifres à la botte du conquérant, pour prendre en charge leur destin ? S'ils ne s'étaient pas éloignés de la toute-puissance de l'Église en la ramenant à son champ d'action spécifique — l'âme des fidèles — sans intervenir politiquement ? Pour sortir de la misère, il faut quitter son milieu, et c'est parfois interprété comme « renier » son milieu. Mais un milieu qui rabaisse, exploite et dénie mérite aussi d'être abandonné… quel que soit le prix que coûte l'éloignement.

S'affranchir, grandir, conquérir sa liberté et l'expression entière de qui nous sommes s'accomplit souvent à l'aide du verbe «quitter». Même abandonner peut s'avérer nécessaire. Mais s'affranchir ne veut pas dire se débarrasser des conséquences de ses choix passés. Pour beaucoup de gens, se libérer veut dire repartir à neuf, sans égard au passé. On quitte, oui, mais on avance avec notre nature intrinsèque et nos actes précédents. Si on renie le passé, si on cherche à le trafiquer en le manipulant pour lui donner une réinterprétation plus flatteuse, on s'assujettit plus au mensonge qu'on ne se libère.

Être asservi au mensonge — même s'il nous convient, même s'il redore notre curriculum vitæ — on ne peut pas vraiment appeler cela un acte de délivrance. C'est changer de chaînes.

On peut couper avec son passé, mais il demeure le nôtre. L'oublier, le travestir, l'inventer revient à instaurer le faux-semblant dans une démarche de vérité. Se tromper n'est pas fatal… sauf si on est dupe. Se tromper et ne pas admettre que l'erreur est la mère du changement survenu, c'est se bâtir une illusion et une histoire personnelle, héroïque peut-être, mais fourbe.

Nos bons et nos mauvais coups nous suivent. Ils ne nous quittent pas, même si on s'estime quittes à leur endroit. Inutile d'en être fiers, en être conscients suffit amplement.

Se quitter est plus ardu, quoique bon nombre de gens vivent en étrangers à l'intérieur de leur corps. Renoncer à soi, à son intégrité, c'est se tuer un peu. Quelles qu'en soient les excellentes ou mauvaises raisons, c'est se mutiler et se museler. Ou enfin, une part de soi.

Qu'est-ce qui mérite un tel sacrifice ? La vie, pour être sauve. Celle de quelqu'un qu'on place au-dessus de nous — un enfant, un parent, un amour — parce qu'il y a urgence. Ou par manque d'assurance.

Se quitter, c'est se mettre entre parenthèses, en attente, c'est se remettre à plus tard… en ignorant que le temps nous est compté et qu'on n'aura peut-être pas l'occasion de se considérer de nouveau. On peut se libérer de bien des obligations, de bien des jougs, mais certainement pas de soi-même.

Quoi qu'on fasse, on demeure son premier témoin et son premier répondant. Aussi bien se traiter comme un allié.

Enfin, ce verbe qui repose sur «quiet» — tranquille — touche au territoire qui nous permettra de vivre en paix avec nous-mêmes.

Être quitté

Contrairement à «quitter», cette variation du verbe peut nous mettre en prison pour longtemps.

Être quitté n'est pas toujours une malédiction ou un malheur. Les choses négatives et les gens lourds, exigeants, exténuants peuvent aussi nous quitter... et du coup nous libérer!

Un microbe, un virus, une allergie peuvent nous quitter sans qu'on s'en plaigne.

Alors qu'on ne peut quitter un mal de vivre ou une sensation accablante, ils peuvent, eux, nous libérer de leur lourdeur.

C'est mystérieux, mais il y a des chagrins profonds qui s'épuisent enfin, comme s'ils avaient fait leur temps, ils laissent la place libre à la joie de vivre. Le boulet de la peine peut se soulever un matin et nous quitter.

Bien sûr, traverser la vie sans que la mort et le deuil surviennent est illusoire. À moins de mourir très jeune, nous passons tous par là. C'est un apprentissage extrêmement difficile que celui de perdre. Il s'impose à tout âge, il n'attend pas la maturité. Plus on est jeune quand la perte survient, plus l'expérience forgera la personnalité et déterminera une façon de vivre le deuil et de vivre tout court.

Être quitté à l'âge adulte, alors qu'on est solide ou du moins construit intérieurement, est déjà pénible. Perdre un parent, un proche en bas âge signifie perdre un repère essentiel et ne peut qu'être déterminant pour toutes les épreuves qui suivront.

Tout comme perdre sa santé en bas âge forme toujours des adultes particuliers, subir le deuil très tôt marque à jamais.

Quitter dans ma vie

Je suis d'une loyauté quasiment déplorable. Je sais, ces deux mots ne vont pas ensemble, mais ça me prend un temps fou pour renoncer et finir par quitter. Même quand les choses deviennent insupportables, j'ai du mal à me convaincre que c'est la seule issue. Le moins que l'on puisse dire, c'est que je n'agis pas sur un coup de tête.

Je ne sais pas bien quitter, même si j'adore partir.

Bizarrement, on dirait que je ne fais pas confiance à ma mémoire, parce que je conserve toujours les témoignages des gens que j'aime. Impossible de les jeter. Ce qui devient encombrant à mesure que les années passent.

Au lieu de me débarrasser des objets témoins, j'en suis à demander aux gens de ne plus m'en offrir ! Très étrange...

Quitter un partenaire professionnel, et même une activité professionnelle est toujours le fruit d'une intense réflexion. Et il faut que je sois vraiment tannée, excédée même, pour consentir à mettre fin à une collaboration. C'est dommage parce que tenir bon quand tout fout le camp, ça use inutilement. Le seul moment où je sais qu'il me faut quitter, et ce, sans éprouver aucun doute, c'est quand j'arrive au mot « Fin » dans l'écriture. Là, pas d'hésitations ou de tergiversations : c'est évident et, même si j'ai le cœur attristé, c'est la fin. Ailleurs, dans l'amour ou dans le métier, c'est arrachant sur le coup, mais ça libère au bout du compte.

Et puis, il y a les départs irréversibles, la mort. Dire adieu m'est impossible. Que je voudrais discuter ! Réclamer une extension, une rallonge de temps. Je sais pourtant que le temps de chacune de nos vies est limité… et que ce n'est pas moi qui détermine la limite, c'est la vie.

Tourner la page… pour moi, c'est long. Je la relis tout doucement, je la considère, en estime le poids et, finalement, je la tourne en demeurant fidèle au souvenir.

Les gens qui ont compté et qui m'ont quittée sont présents en moi. Même les vivants que je ne revois plus — peu importe qui a quitté l'autre — le temps où ils ont été dans ma vie, ils ont contribué à qui je suis et je reconnais et garde ce legs.

Souvent, c'est ce qui me faisait rire qui reste.

Assumer

Voilà un verbe qui a des ailes. Pourquoi le pré-férer à « accepter » ou à « consentir » ? Parce qu'il a ce zeste d'action qui fouette le rythme. Il a de la dignité et de la classe. Il a de la responsa-bilité et une certaine autorité naturelle. Et puis, ce verbe est souvent dédaigné, comme s'il était accessoire. Or, assumer, c'est avant tout clamer la paternité de ses gestes, de ses paroles et de ses décisions.

Quiconque assume est responsable et libre. Il n'est l'objet de personne, il endosse ce qu'il prétend et signe ses actes, réussis ou non. L'anonymat des réseaux sociaux encourage à l'occasion des propos bien peu dignes. Et sou-vent, ils le sont parce qu'il n'ont pas à être signés et assumés.

Notre société recherche beaucoup la disper-sion des responsabilités : on demande à l'école de se charger d'une partie de l'éducation, alors que l'instruction est son mandat, on demande au politique de se charger de l'individuel, de protéger le citoyen jusque dans sa sphère privée, et on demande à la société — aussi bien dire à personne précisément — de se charger des grands problèmes que sont la pauvreté, la santé mentale, la préservation de l'environnement et jusqu'au soutien aux malades et aux aînés.

Assumer, c'est réclamer sa responsabilité. C'est se prononcer et ne pas s'écraser devant l'opposition. Ne pas craindre de s'affirmer et agir en conformité avec ce que l'on croit. Nous sommes loin des politiciens grands parleurs qui n'ont aucune honte, aucune gêne à évacuer leurs promesses tonitruantes dès qu'ils sont élus. Ils se disent peut-être que le citoyen sait ce que ça vaut et qu'il assume.

Tous ceux qui n'assument pas — et qui sont dans le cercle des décideurs — travaillent à invalider le verbe « croire », à forger un doute très raisonnable sur la qualité et la probité de nos institutions sociales et politiques. Ces institutions sur lesquelles on se base pour se permettre de vanter la démocratie dans des pays où un totalitarisme plus évident règne.

Les valeurs qui sont les nôtres, celles de chaque individu qui forme notre société, il y a longtemps que nos dirigeants les ont substituées à un dieu en or massif : l'économie. Il suffit de prétendre que, les calculs étant actualisés, nous allons vers l'enfer du déficit, et voilà l'armada vide-poche qui se met en branle. Tous ceux qui ne possèdent pas une clé du système, une table de multiplication magique parce que fondée sur les secrets comptables de l'État et du fisc, tous ceux-là payeront.

À cause de notre manque de culture politique, nous prêtons foi à leur science proclamée et à leurs déclarations pourtant faites dans une splendide langue de bois. Le côté éclairé de leurs décisions semble plausible, alors qu'ils n'ont souvent qu'une seule règle : ne rien perdre pour eux-mêmes, gagner plus de pouvoir, détenir les commandes et ne les partager qu'avec leurs semblables.

Le pouvoir enivre, dit-on. Chez nous, il mène à une culture du secret. Homme politique ne veut pas dire homme d'exception. N'importe qui ou presque peut demander un mandat à la population. Tous les politiciens ne sont pas des crétins, des malhonnêtes ou des gens à la solde de l'argent et à la vision étroite, bien sûr. Il demeure qu'on peut être tout ça et devenir député.

On peut ne rien assumer de ce que l'on promet et devenir député ou ministre.

On peut tricher avec l'impôt, cacher ses revenus dans des paradis fiscaux « autorisés » et tirer profit de sa position politique en arrosant généreusement des alliés plus ou moins corrompus sans dommages et sans honte personnelle ou publique.

Pourtant, qui ferait confiance une seconde fois à quelqu'un qui l'a trompé ?

L'ennui avec la politique, c'est qu'il y a un discours et des actes. Les deux sont rarement conséquents ou harmonisés. Le discours, c'est ce que tout politicien ou la firme de faiseurs d'images qu'il emploie soupçonne qu'il faut dire pour convaincre, paraître être l'homme (ou la femme) de la situation, rassurer et incarner le souhait des électeurs. Ce qui les mène à dire qu'ils veulent protéger le territoire des prédateurs pétroliers — par exemple — tout en leur permettant d'effectuer des tests dommageables à l'environnement pour vérifier, soi-disant, la dangerosité de l'affaire alors qu'ils s'apprêtent à ne rien révéler des études et à céder de toute façon aux intérêts des entreprises.

Tout le monde veut sauver les baleines ? Qu'à cela ne tienne : on prétend qu'on s'y attarde, qu'on s'attaque au problème, qu'on l'étudie à fond en vue de le résoudre... et on ouvre la porte arrière pour laisser passer l'arsenal destructeur. Ou alors, on met fin à certaines recherches risquant de compromettre l'élan des industries. L'essor économique ! Même l'institution de la santé et l'industrie pharmaceutique pataugent dans ce genre de recherches à deux vitesses qui profitent rarement aux malades. Combien de médicaments sont objectivement testés, sans pressions indues de la part des grandes compagnies ?

Voilà le contraire du verbe « assumer ». En fait, dès qu'il y a une porte arrière, on peut dire adieu à assumer.

Quand l'électeur s'aperçoit qu'il y a un mensonge, alors le ton grave et le visage catastrophé, on invoque les intérêts supérieurs de la nation que le bon peuple ne peut évaluer, ou bien la priorité d'un niveau gouvernemental sur l'autre.

Ainsi rebondit la jolie balle de la responsabilité : le fédéral a la préséance sur le provincial qui lui-même passe devant le municipal et ce dernier peut sauter par-dessus la tête du citoyen sous prétexte de privilégier le bien public.

À partir du moment où chaque palier décisionnel s'appuie sur la logique de « ce qu'il est permis de révéler » ou de « ce qui sera compris de la majorité » pour ensuite agir à l'inverse du discours, ce n'est pas très éloigné du potentat qui ne s'embarrasse d'honnêteté ni individuelle ni civique.

Assumer est proche parent de l'honnêteté. Pour en finir avec l'illustration politique, il semble aujourd'hui moins nocif de nier l'erreur que de la reconnaître et de s'amender. C'est dire où on en est…

Si on assume, ce n'est plus par probité ou par vertu, mais parce qu'on est pris la main dans le sac ou les culottes baissées. Ce genre de sincérité ne vient qu'empirer les choses et saper la confiance déjà chancelante de la société. Et rendu là, le doute du citoyen ne s'appelle pas du cynisme, mais du réalisme. Parce que ça revient à dire que si on vole et que personne ne nous prend en flagrant délit, on peut se prétendre intègre. Si on est pris sur le fait, alors oui, on admet qu'on volait.

Le plus dangereux, c'est quand on arrive à croire qu'on est honnête tout en volant sous prétexte qu'on n'a pas été découvert. Voilà qui s'appelle de la haute voltige intellectuelle pour noyer le poisson. Si au moins on mettait cette capacité à ruser au service de valeurs plus édifiantes !

Si on ne sait plus que l'on triche pour la simple raison que c'est passé inaperçu, il y a un problème. Et de taille. Cela fait de la surveillance l'élément central de la probité ! Cela fait des journalistes l'élément phare du pouvoir. C'est leur en demander beaucoup que de débusquer tous les mensonges, les abus. Et ils en font beaucoup, merci à eux.

Sortons du cercle politique.

Voilà où le verbe « assumer » devient intéressant. Assumer n'a rien à voir — ou si peu — avec le regard de l'autre : il s'agit d'une éthique personnelle qui concerne les pensées, les valeurs et les actes privés d'une personne. C'est un contrat que l'on signe avec soi. Et cette philosophie de vie atteint les autres puisqu'elle se manifeste à leurs yeux en paroles et en gestes qui l'incarnent.

Assumer commence avec soi, dans son for intérieur, là où autrui n'a pas accès. Assumer s'appuie sur la conscience, l'analyse et l'honnêteté. Mais ce verbe ne peut exister sans courage et détermination.

Assumer tient la liberté par la main.

Assumer la différence, qui l'on est, nos certitudes, nos réflexions, nos désirs, notre corps aussi, c'est le début de la liberté.

Demander aux autres d'assumer pour nous, c'est l'aliénation assurée... à leur capacité de nous endosser ou non.

Les plus grands personnages historiques ont assumé leurs convictions quel que soit le prix à payer pour les défendre ou les garder intactes.

Il est plus facile d'assumer quand il n'y a pas d'opposition, mais le monde n'est pas homogène et il y aura toujours un endroit sur la planète où être qui on est et défendre nos principes seront considérés comme de la provocation ou de l'illégalité. On peut en parler aux homosexuels qui habitent la Russie de Poutine ou certains États africains. On peut en parler aux femmes du monde entier puisque l'égalité est encore à atteindre à tant d'égards.

Assumer ne veut pas dire imposer. Il s'agit d'une force sur laquelle baser notre action.

Assumer aide à se tenir debout pour ses principes, et surtout cela libère le champ d'action. C'est tellement plus facile d'agir en fonction de ce à quoi on croit plutôt que de tâter continuellement les autres afin de connaître la direction du vent et de s'incliner en silence.

Vivre exige davantage que cette somnolence accommodante.

Vivre à fond et libre, c'est connaître qui on est, le reconnaître et l'assumer.

Assumer dans ma vie

Je ne sais pas si c'est héréditaire, mais dans ma famille, on avait affaire à assumer ou alors à devenir très habile à raconter des histoires. Faut dire qu'il y avait pas mal de témoins! Sans sous-entendre que je n'ai pas été tentée de fuir mes responsabilités, surtout pour mes mauvais coups, je dois reconnaître que, généralement, j'assumais. De toute façon, étant plutôt sage, ma vie n'était pas compliquée à assumer.

J'ai un souvenir assez puissant du jour où ce verbe a pris une densité particulière à mes yeux. C'était à Paris. Je venais d'y atterrir et un tra-ducteur allemand m'a appelée pour faire le point sur un projet concernant ma pièce *L'Homme gris*. Je lui avais demandé de travailler les dix premières pages avant de décider si oui ou non nous irions de l'avant. Il m'explique son enthousiasme total pour cette pièce et m'avoue qu'il a déjà tout traduit. Ce qui m'apparaît bien dommage et je le lui dis : si le projet ne me convient pas, il aura travaillé pour rien.

Là-dessus, il continue, comme si je n'avais rien dit, et m'informe qu'il a aussi changé la fin... parce que celle-ci est une erreur sur le plan psychologique. Sa femme étant psychiatre, ils en ont discuté et ils ont trouvé comment arranger et corriger cette fin. Je lui demande de quelle école. Il bredouille quelque chose sans comprendre ma question. Je lui explique alors que ma pièce n'est pas une fidèle illustration d'un quelconque dogme psychanalytique — qu'il soit de Freud, de Jung, Winnicott ou tout autre — qu'elle peut être visionnaire d'une théorie à venir dans cinquante ans, qu'elle peut même être fautive, cela me dérangera toujours moins que si elle applique soudainement l'opinion professionnelle de sa femme, qu'elle soit ou non qualifiée.

Il n'en revenait pas de ma prétention ! Ça pouvait en avoir l'air, c'est vrai. Je lui ai expliqué que chacun aurait son opinion sur cette pièce et sur la cohérence des personnages, mais que je ne permettrais à personne de changer mon propos pour l'enfermer dans sa certitude à lui. La pièce est là pour ébranler, déranger, soulever un débat peut-être, mais certainement pas pour être récrite par quelqu'un d'autre, quelle que soit l'ampleur de ses connaissances et de sa compétence.

Le projet ne s'est pas fait, le traducteur ayant totalement assumé et fait sien le jugement de sa femme.

Peu de temps après, un metteur en scène anglais m'a demandé un accord préalable pour changer ce qu'il voudrait dans ma pièce *Oublier* qu'il désirait monter. Je lui ai demandé quel passage l'embêtait et pourquoi. Il m'a seulement répondu que tous les lecteurs s'entendaient pour trouver la pièce «trop longue», qu'il ne savait pas encore ce qu'il enlèverait, mais qu'il était certain de devoir le faire. Il a même ajouté que son but était d'améliorer la pièce. Je ne sais pas pourquoi cela ne lui semblait pas de la prétention. Il m'a cité les noms de quelques auteurs dramatiques ayant bénéficié avec bonheur et reconnaissance de ses corrections. Il répétait constamment que ce serait tellement mieux, que mes faiblesses seraient retirées, que mes erreurs seraient corrigées... tout en étant incapable de me citer un seul passage où ces erreurs sévissaient. Sa grande source d'assurance était que «tout le monde était d'accord pour le faire» et qu'«il l'avait fait avec les plus grands auteurs», croyant sans doute que cette belle unanimité calmerait mes appréhensions et liquiderait mes objections.

Il adorait la pièce, je le voyais bien. Mais un amour aussi totalitaire me dérangeait. Je lui ai dit — textuellement — que même si le pape pourtant réputé infaillible voulait changer ma pièce, je ne lui permettrais pas. Entre ses erreurs et les miennes, je signais les miennes. Parce qu'entre «je t'aime» et «je ne t'aime pas», il n'y a qu'une formule négative qui change tout. On peut, en une retouche, faire passer un discours de la gauche à la droite, de la tolérance à l'intolérance. La confiance que j'avais en lui se limitait à ses talents de metteur en scène et non pas d'écrivain. J'assumais mes mots, mon texte, et ce n'était pas un pré-texte pour lui servir de terrain de jeu — puisqu'il prétendait vouloir *play with the play*.

Le projet ne s'est pas fait. Le metteur en scène m'a dit qu'on l'avait prévenu de mon «entêtement» et que je ratais une belle occasion de faire mon entrée sur la scène londonienne.

Mais quel intérêt avais-je à être connue pour des choses que je n'ai pas écrites ? Pourquoi ce rapport de force devenait-il plus important aux yeux du metteur en scène que de transmettre une œuvre en laquelle il croyait ? Il croyait probablement plus en son pouvoir qu'en ma pièce. Si au moins il avait repéré ce qui ne lui convenait pas !

Ce que ces deux exemples apportent à mon avis, c'est que si on n'assume pas ce qu'on crée, écrit, produit, on en viendra à se trahir sans même s'en apercevoir. Apparemment pour le bien de l'œuvre, peu importe ce que le bien signifie de renoncements et de reculs. Combien de fois m'a-t-on servi que tel ou tel auteur avait accepté d'être récrit ? Tant mieux pour eux s'ils n'y perdent ni leurs propos ni leur identité. En ce qui me concerne, ceux qui savent à ma place m'inquiètent et je n'ai pas tendance à m'en remettre à leur opinion. J'ai la chance de travailler très longtemps sur ce que je présente, donc de faire le tour des questions que me pose le manuscrit. Le doute m'habite déjà beaucoup quand j'écris, corrige et reprends tel ou tel passage. Toute question est bienvenue. Mais tant

que c'est moi qui signe, les réponses m'appar-
tiennent. C'est mon nom, c'est ma pensée, et
j'assume. Souvent en tremblant, mais j'assume.

Pour terminer sur une note encourageante,
voici une dernière anecdote.

Après le succès de ma pièce *C'était avant la
guerre à l'Anse-à-Gilles*, monsieur Duceppe, qui
dirigeait le théâtre qui porte son nom, avait lu
une autre de mes pièces, *Avec l'hiver qui s'en
vient*. C'était un grand acteur au charisme puissant et un passionné de théâtre. Il m'a dit qu'il
aimait la pièce. Beaucoup. Il voulait la produire,
la jouer, même. Mais il avait un problème avec
la fin. Ce n'était pas un problème de cohérence
ou de logique, mais plutôt de ce qu'il s'autorisait
comme acteur. Il ne voulait pas finir — comme
dans la pièce — réfugié sous une table de cuisine, égaré et réclamant un amour perdu depuis
des années. «Mon public ne le prendrait pas»,
me répétait-il, désolé. Par trois fois, il a répété
sans vraiment questionner: «Mais vous chan-
gez pas vos pièces, vous…»

Malgré tout l'amour et le respect que cet
homme m'inspirait, changer la fin de la pièce
pour alléger l'impact sur le public m'était

impossible. La fin, c'était le propos même de la pièce qui éclatait. Je souhaitais et j'assumais cet impact. Monsieur Duceppe a seulement dit qu'il comprenait. Et il a respecté mon refus.

Quelques années plus tard, quand je lui ai apporté *Oublier* — une pièce dure aussi — il a décidé de la produire, même si, à ses yeux, c'était un pari risqué.

Jamais je n'oublierai la première devant public. J'en signais la mise en scène. Monsieur Duceppe et moi, nous faisions les cent pas au fond de la salle, derrière le public. Je pouvais sentir son immense inquiétude, et la mienne l'égalait. On guettait les moindres réactions du public. Plus ça avançait, plus j'angoissais. À la fin, un silence s'est produit, une apnée de quelques secondes. Puis, d'un coup, toute la salle s'est levée pour applaudir. Monsieur Duceppe m'a saisie, soulevée du sol en chuchotant, fou de joie : « On les a eus, madame Laberge, on les a eus ! »

Il était frêle et, pourtant, je ne touchais plus le sol. La force de sa réaction, c'était aussi la puissance de sa conviction et l'étendue du risque qu'il avait pris.

Pas un instant je n'ai eu l'impression d'un rapport de force avec lui. Il a refusé une pièce en assumant sa vision de ce qu'il pouvait se permettre comme acteur sans jamais manquer d'estime ou de respect pour ma décision de ne pas alléger mon propos.

J'ai assumé mon refus et quand on a retravaillé ensemble, c'était dans une complicité respectueuse. Je crois qu'elle a été possible parce que chacun, nous avions assumé nos choix artistiques.

Quand on est un artiste, un créateur, assumer est non seulement essentiel, mais vital pour la poursuite de l'œuvre. Si on se trahit, il ne faudra pas s'étonner ensuite de l'être par d'autres. Et, bien évidemment, si on se respecte, ça ne garantit rien pour les autres !

Tout travail artistique dérange, remue, bouscule : c'est sa nature même. Un artiste n'est pas là pour endormir le public, mais pour le réveiller, lui rappeler de vivre et de le faire maintenant, en conformité avec ses normes.

Selon la violence ou l'insistance du rappel, il est possible que le public refuse de l'entendre. C'est son droit le plus strict.

Ça n'empêche pas l'œuvre d'exister et d'attendre son heure…

Espérer

Espérer, c'est se projeter vers un ailleurs. Souvent pour attirer ou ramener à soi ce qu'on désire. Ou s'amener jusque-là.

La personne qui ne désire plus rien, n'espère plus rien, n'attend plus rien... elle flirte avec la fin.

Désirer, c'est le début du mouvement qui fait avancer, qui fait parfois changer et qui permet d'évoluer.

L'ennui, avec la consommation frénétique à laquelle on se soumet, c'est de réduire le désir à des objets, à des choses qui n'ont aucun réel pouvoir d'assouvissement. Les biens de consommation ont plutôt un pouvoir de sape : ils vident plus qu'ils n'emplissent. Un peu comme ces aliments qui donnent une impression de satiété sans apporter les moindres nutriments.

Espérer, quand ça dépasse le « je veux » des enfants, exige une réflexion. On doit se placer devant ce qui est et se demander si cela correspond à nos attentes, se demander si cela est conforme à notre vision. On peut espérer aveuglément. Même le plus avisé, le plus savant des êtres humains espère. C'est un verbe offert à tous.

Et ce n'est pas directement proportionnel à la probabilité, loin de là.

Espérer, c'est dépasser le réel sans relief et lui en donner.

La puissance de ce verbe est bouleversante. Tous ceux qui combattent une maladie grave, tous ceux qui sont aux prises avec une dégénérescence inexorable, tous ceux qui soutiennent, s'inquiètent et prient sont des athlètes de l'espoir. Ils ne sont pas décrochés de la réalité, ils n'ont pas le déni comme religion, ils placent un espoir fulgurant, passionné, dans chaque effort qu'ils fournissent. Et cela, cet espoir, devient leur foi. Et souvent — pas toujours, malheureusement — espérer change tout. Même l'implacable s'incline parfois devant l'espoir. Pour un temps, du moins.

Il y a des gens qui se découragent au premier écueil, même léger. Il y a des gens que rien ne fouette, rien ne stimule. Et il y a les désespérés. Espérer, c'est se projeter vers le meilleur envisageable, le rendre possible en commençant par l'entrevoir. C'est l'antidote du douloureux et du démoralisant. Il y a des gens qui ont fait de l'espoir leur seule fortune. Et ils sont riches de cet espoir qui les fait avancer, persister, continuer.

Espérer ne s'achète pas. Personne ne peut mettre un prix à ce verbe. Il est capable de générer tant d'énergie, tant de vitalité et de combativité qu'il serait une vedette à la Bourse... si elle tenait compte de ce qui ne se monnaye pas! À la bourse de la vie, espérer est une star.

C'est un verbe phare, qui oriente et devient lumineux.

Désirer — le lieutenant du verbe « espérer » — a souvent été relégué à la sphère physique et amoureuse, mais ce serait réducteur de le limiter à ce seul usage. Désirer un demain meilleur, une visite, une présence, un sourire, une réussite, une douceur, cela rejoint les rangs de l'espérance. Souhaiter serait un sous-lieutenant, puisque sa cible est moins urgente. On souhaite largement, on désire plus précisément et on espère férocement... s'il faut établir une hiérarchie!

Attendre, cet autre lieutenant qui a pour tra-
duction espagnole *esperar* et qui se disait aussi
« espérer » dans l'ancien québécois, est à un mouvement près la même projection dans un avenir
amélioré sur lequel on mise et on compte.

Le verbe peut être tissé si intimement à celui
de « vivre » qu'on peut en ignorer la présence et
ne pas en concevoir l'intensité tout en s'y prêtant
avec force.

Espérer se présente dans tous les formats : le
court, le long, le durable, l'évanescent. Inutile
de qualifier le verbe, le temps s'en charge. Mais
on peut espérer toute sa vie sans se lasser ou se
décourager.

Espérer qu'il fera beau pour le jour de son
mariage s'oublie dès que l'évènement est passé.
Mais espérer que cette union sera solide, authentique et durable… c'est plus long et ça s'accompagne d'efforts pour y arriver.

Espérer ne suffit pas à provoquer les choses,
mais cela entraîne une action pour y arriver et
une disposition de l'esprit pour en favoriser

l'avènement. C'est loin d'être un verbe passif…
même s'il peut arriver que ce soit tout ce qui
reste à entreprendre.

Espérer s'appuie sur « vouloir » sans compter
uniquement sur nous pour se réaliser. On peut
bien sûr espérer avoir la force d'arriver au but,
d'y arriver seul. Mais quelquefois, on veut sans
pouvoir y arriver en se privant des autres. Ce
n'est pas une magie, une superstition ou une
croyance occulte, c'est regarder plus loin que
soi et ramasser ses forces pour atteindre cet ailleurs en s'aidant du verbe « croire ».

Parce que pour espérer, il faut y croire un
peu, y mettre du sien.

Espérer sans croire, c'est chatouiller le
désespoir.

Espérer sans agir, c'est miser sur la magie du
hasard.

Ce verbe est plus noble qu'une simple mise au
casino et dure plus longtemps que l'instant où les
dés roulent. On peut le réduire à ce genre de désirs,
mais ce serait du gaspillage, presque du pillage :
voler le verbe de son sens profond qui soutient
solidement le verbe « vivre ».

Espérer dans ma vie

Je suis une incorrigible optimiste. Quand je crois, c'est avec tant de force que l'espérance n'a pas à être nommée, je l'inclus dès que je me mets en action.

C'est probablement un des seuls reliquats laissés par mon éducation catholique : j'ai l'espérance chevillée au corps. Je ne lâche pas, ou rarement… ou alors, c'est que mes forces physiques m'ont abandonnée ou que je dois admettre mon impuissance. Ce qui représente les très mauvais moments de ma vie.

Mettre l'espoir de côté m'est quasiment impossible.

Même quand je me croyais croyante, j'étais un peu païenne, et l'espérance qui m'habitait tenait de la prestidigitation. Il fallait que ça arrive! Vouloir, désirer, attendre, ce n'était pas assez à mes yeux: j'espérais avec une détermination farouche.

Je crois que le verbe «espérer» est entré dans ma vie avec ma mère, ce qui remonte pas mal au début de mon histoire. J'espérais la rendre heureuse. J'ignorais que c'était une mission impossible, ma mère n'étant pas douée pour ce genre de choses. Elle riait, se moquait, elle avait de l'agrément, mais elle n'était pas très heureuse. Pourquoi m'investir dans une telle mission? Parce que c'était une sorte de sous-entendu que cette charmeuse laissait filtrer ou que je croyais déceler: si tu fais un effort, tu pourrais arriver à me rendre heureuse, toi.

Et l'idée faisait son chemin pour chacun. Pour moi, intense comme je suis, je me suis attelée à la tâche sérieusement. J'espérais tant y arriver! J'ai mis longtemps à comprendre que cet espoir informulé de ma mère n'était pas a priori «son» désir, mais sa façon d'être en relation avec l'autre. De l'intéresser. C'était une personnalité complexe, ma mère, truffée de contradictions, attirante et insupportable en même temps. Une grande intelligence doublée d'une estime d'elle-même inexistante : comment ne pas envoyer des messages troubles dans un tel cas ?

Finalement, j'ai renoncé à cet espoir — non pas de guerre lasse, puisque j'avais de l'énergie à revendre, mais en comprenant ma méprise.

Longtemps dans ma vie, j'ai espéré pour les autres plus fort qu'eux-mêmes ne le faisaient. Ce n'est pas une bonne idée : c'est exigeant pour l'autre et ça épuise tout le monde.

Ramener ce verbe à des proportions personnelles sans pour autant cesser de travailler au bien des gens que j'aime, c'est maintenant ma manière de conjuguer « espérer ».

J'essaie aussi de faire l'inventaire de ce que j'ai reçu avant de laisser l'espérance me submerger : parce qu'espérer est un désir, un appétit, mais ça ne doit jamais devenir une boulimie. Se disperser en espoirs variés amoindrirait le verbe.

Pour cela, il faut garder en tête son objectif prépondérant — dans ma vie, c'est écrire et aimer. J'espère pouvoir le faire jusqu'à mon dernier souffle.

Et je dis merci à ma mère de m'avoir insufflé cette façon acharnée d'espérer. Ça ne lui a pas apporté le bonheur, mais ça m'a formée magnifiquement.

Pardonner

Voilà un verbe dont l'intérêt apparaît souvent grâce au temps. Jeune, dans l'élan impérieux de la vie, dans la brûlure du désir irrésistible, on a la canine agressive et on voudrait mordre tout ce qui nous entrave. Jusqu'à nous-mêmes.

Il faut admettre aussi que le passé hautement religieux de ce verbe lui fait un peu d'ombre. Il est difficile à cerner, il échappe au premier degré. Il a de la parenté avec « apprendre » et « assumer » tout en nous entraînant ailleurs, une coche au-dessus.

Tout d'abord, pardonner ne s'applique pas uniquement quand on est victime. Celui qui est en droit de demander des comptes ou celui qui se trouve en position supérieure est aussi susceptible de le faire.

Pardonner n'a rien à voir avec la hiérarchie, même si ça semble établir qu'il y a eu abus et que cet abus est le fait de quelqu'un qui devait agir autrement. Pardonner dépasse l'admission de la faute ou du tort.

Cela va au-delà de la personne fautive. Cela atteint avant tout la personne qui pardonne.

Parce que c'est faire la paix.

On peut bien sûr pardonner sans jamais en informer les gens concernés. Il ne s'agit pas d'alléger un fardeau de culpabilité porté par autrui, il ne s'agit pas de rétablir des liens ou d'effacer des torts pour repartir sur de nouvelles bases. Pas toujours.

Il s'agit de considérer le tort et de calmer le remous de violence, de dépit ou même de peine qu'il agite en nous. Comprendre que le vent de tempête ne vient plus d'autrui, mais de nous-mêmes, de la façon dont on le laisse se soulever et tout bouleverser en nous. Que la paix vient de nous. Même si la guerre a été déclenchée ailleurs qu'en nous.

Ne pas pardonner, c'est empirer et approfondir ce qui nous a fait du mal. C'est reprendre le rôle de tortionnaire... et s'abîmer dans l'enfer des reproches amers.

Tant que l'orgueil nous mène, le pardon est impossible. Et la paix l'est tout autant. La vision guidée par la vanité ou l'orgueil blessé est une vision fragmentée qui entretient l'humiliation, l'active chaque jour et fait perdre un temps fou. Tant que le pardon ne s'attache qu'à l'outrage ou aux torts, ce n'est pas vraiment de pardon que l'on traite, mais de préséance, d'accusations, de procès d'intention pour déterminer qui a tort et pour l'humilier à fond ensuite. Rien à voir avec pardonner. Tout à voir avec la vengeance.

Pardonner, c'est désactiver la grenade de la vengeance. C'est s'adresser à soi et non pas à la personne ou à l'ensemble de personnes qui ont mal agi à notre égard. Rien n'est plus privé et plus personnel que pardonner. Il n'y a aucune exigence d'en informer les autres, qu'ils soient ou non partie prenante dans les torts.

Pardonner, c'est poser le fardeau de l'acrimonie et composer avec les résultats de la blessure. C'est délaisser une argumentation qui tourne en rond pour reconstruire, sur des ruines parfois, mais reconstruire et continuer à vivre sans répéter les coups. Sans devenir complice de ce qui nous blesse.

Perdre quelqu'un dans un accident de la route provoqué par une personne soûle qui en était à sa cinquième récidive est un coup dévastateur. La responsabilité est claire et l'infraction aussi. Si la personne responsable vit toujours, on peut lui en vouloir encore davantage d'avoir tué sans en mourir.

Après avoir refait tous les possibles scénarios qui auraient pu permettre d'éviter l'impact fatal, après avoir étudié à fond le dossier chargé de l'alcoolique, après avoir remis en question le code de la route et le système de justice au complet, il faut bien en venir à une conclusion pour ne pas s'enfermer dans l'enfer d'une exigence de réciprocité : que ça fasse aussi mal au responsable.

Il y a un moment où il faut admettre qu'aucune réciprocité, aucun dédommagement moral ou physique n'est possible. La perte est incommensurable. Même en tuant l'autre à mains nues, aucune diminution de la souffrance n'est possible. Et même si le système de justice permettait une vengeance — une chance que ce n'est pas le cas — rien, aucun geste, aucune insulte ne viendrait amoindrir la perte. Celle-ci est d'autant plus ancrée et poignante que le sentiment de colère est alimenté par la rancœur. En fait, continuer à argumenter dans sa tête, à se battre contre le ou les responsables des dégâts, c'est perpétuer le massacre. C'est bloquer la guérison éventuelle et les enseignements que toute épreuve contient. On peut dépasser le traumatisme, on peut alléger son fardeau en renonçant au « œil pour œil, dent pour dent ».

Ce n'est qu'à ce prix qu'on ne sera pas victime de la contagion perverse : devenir quelqu'un d'aussi dangereux que la personne responsable de notre malheur.

Évidemment, pardonner ne signifie pas « autoriser à recommencer » ou permettre au coupable de s'en tirer sans conséquences. La justice s'occupe — plus ou moins vite, plus ou moins bien, mais elle le fait tout de même — de cette partie.

À nous de nous charger du reste. Parce que, même condamnés, emprisonnés, les responsables peuvent toujours générer une hargne vengeresse en nous. Ça n'a presque aucun rapport avec l'autre, finalement. C'est une façon de consentir ou pas à ce que la vie nous fait traverser.

Au lieu de freiner devant l'obstacle en espérant le vaincre, il s'agit plutôt de le contourner
afin de continuer à avancer.

Bien sûr, ce n'est pas toujours aussi simple et
on peut osciller sa vie durant entre pardon et
rancœur. Vouloir pardonner n'est pas pardonner. Les démons de la rage et de la colère ne se
calment pas à coups de goupillon. Il ne suffit pas
de le dire pour le vivre. D'en avoir l'intention
pour y arriver. C'est comme s'obliger constamment à se recentrer, à revenir à un point d'équilibre... qui sera toujours vacillant.

Les enfants élevés dans la négligence la plus
flagrante et désolante, les enfants qu'on a abandonnés, laissés à eux-mêmes, sans ressources,
sont les premiers à défendre leurs parents
pourtant coupables. Ils justifient, excusent et
endurent parce que leur amour est si puissant,
si indissociable de leurs parents que rester près
d'eux — même dans leur atroce incompétence
— demeure primordial. Pour survivre au mal
enduré à cause de ces parents, il leur faut les
garder avec eux. Parce que c'est le lien le plus
fort, parce que le bien-être physique est une
chose, mais le lien psychique, affectif est encore

plus fondamental. Ce qui n'exclut pas qu'ils puissent leur en vouloir plus tard. Et avoir du mal à leur pardonner.

Il est vrai que quelqu'un qui pardonne dans un calme impressionnant, du fond du cœur, c'est saisissant.

Ça l'est parce que notre premier mouvement est celui de la réplique. Quand arrive le pardon, c'est que la personne a non seulement reçu le coup, mais qu'elle l'a transformé et a réussi à en faire une force plutôt qu'un seul désastre. Quelque chose qui permet de grandir au lieu de s'écraser à jamais.

Une chose est certaine : dans le pardon se trouvent le détachement et l'éloignement de ce qui pourrait nous condamner à subir toute notre vie. Dans le pardon se niche la paix ou, en tout cas, le cœur pacifié. C'est s'éloigner du traumatisme et réintégrer sa vie. Une vie amputée d'un élément essentiel, c'est vrai, mais elle continuera au lieu de faire du surplace dans la haine et la vindicte.

Vivre les dents serrées, le souffle court et les poings prêts à frapper, ce n'est pas optimal.

Et après un certain temps, ce n'est plus l'autre qui est responsable de notre malheur, c'est nous-mêmes.

Un peu comme si en désarmant un attaquant, on s'était servi du couteau pour se le planter dans le cœur.

Se pardonner

Voilà sans doute le plus difficile à atteindre. Une sorte d'Everest personnel.

Je ne parle évidemment pas de ceux qui se passent tout, sans morale ou sans autre clé d'analyse que leurs besoins... qui s'avèrent multiples et toujours urgents. Ceux-là sont sans conscience, et donc sans pardon possible. Laissons-les de côté.

On peut plus facilement pardonner aux autres qu'à soi-même d'avoir failli, de s'être trompé ou d'avoir manqué à sa parole. Tout d'abord, parce que c'est difficile à admettre. Et que c'est encore plus difficile à accepter.

Ce n'est d'ailleurs même pas toujours au sujet d'un manque personnel. On peut ne pas se pardonner de voir mourir quelqu'un qu'on aime en étant incapable de le sauver malgré tout l'amour que l'on ressent. On a beau savoir qu'on ne peut rien faire, on n'arrive ni à y croire ni à s'y résigner. Les situations d'impuissance vécues alors que ce qui nous habite est puissant sont toujours génératrices d'un fort sentiment de culpabilité. Que ce soit raisonnable ou pas, sensé ou logique, n'a aucune espèce d'importance.

Voir son enfant souffrir et n'avoir aucune emprise sur cet état de choses, aucun moyen de faire cesser le calvaire est insupportable. Difficile de se pardonner son impuissance. Nous ne sommes pas bâtis pour rester les bras ballants et le cœur en miettes. Il y a toujours un réflexe de survie qui rebondit et qui se précipite à l'assaut du mur de l'impossible. Se pardonner de n'être pas plus ou mieux ou même une sorte de dieu tout-puissant est effroyablement pénible. On peut y passer des années. Mais il faut y parvenir si on ne veut pas être handicapés à vie par la bataille qui nous a terrassés.

Plus les responsabilités individuelles sont grandes, plus le pouvoir d'agir est vaste et plus se pardonner une erreur est difficile, puisque davantage de personnes en ont été affectées.

Quelqu'un qui n'arrive pas à se pardonner vit dans un enfer. Il est déchiré entre ce qu'il espérait être et ce qu'il doit admettre qu'il est : un être humain faillible et qui peut commettre des erreurs.

Le pire sera toujours de ne pas les reconnaître, ces erreurs, et de les refiler aux autres.

Plus haute est la conscience et plus ardu est le pardon.

Il n'est évidemment pas question ici de ceux qui demandent pardon automatiquement, sans même accompagner les mots d'une sincère admission. Ça, ce serait utiliser la formule qu'on sait magique : on demande pardon sans broncher et sans éprouver le moindre sentiment de responsabilité, et hop ! l'affaire est réglée ! Le pardon est plus profond que cette pirouette.

Vivre sans pardonner, c'est avoir le sable du ressentiment entre les dents et gâcher chaque bouchée que la vie nous offre.

Pardonner dans ma vie

Je n'ai pas le pardon facile. En plus, j'ai eu du mal à trouver le vrai sens du pardon, sa nature même. J'ai longtemps cru que pardonner, c'était oublier. Effacer au point de ne plus savoir. Ça offensait ma très bonne mémoire. En fait, je n'y arrivais pas. À oublier.

Par contre, j'ai toujours eu du mal à ressentir des griefs envers ceux que j'aime. Je les comprenais avant qu'ils s'expliquent. Un peu comme mes personnages qui sont absous avant de mal agir, puisque je ne les juge pas. Je les endure, ça c'est certain. Je les comprends au point de pouvoir accepter leurs moindres gestes. Mais je n'ai rien à leur pardonner. Ils sont ce qu'ils sont, point.

Pardonner est venu sur le tard dans ma vie, autour de la trentaine, à cause d'une certaine

méprise : je croyais qu'il fallait être mal inten-
tionné pour mal agir. Or, je suis toujours arrivée à justifier les pires manquements. Pas que je
sois magnanime, non, mon imagination et mon
empathie font le travail. Ça montre à quel point
je déteste être déçue. Je préfère trouver des
excuses et des motifs ou des mobiles puissants
plutôt que d'avoir à admettre qu'on a mal agi à
mon égard.

La formule catholique de mon enfance
« Pardonnez-leur, car ils ne savent ce qu'ils font »
m'a toujours semblé d'une prétention insupportable. Comme si seuls ceux qui subissent
détenaient la connaissance ! Comme si être la
victime devenait une consécration. Cette question me brûlait : et s'ils savent ce qu'ils font, on
ne leur pardonne pas, c'est ça ? Inutile d'ajouter
que je ne l'ai jamais posée aux gens concernés
par le dogme.

À ce compte-là, je préfère de loin le proverbe
Les chiens aboient, la caravane passe. Je sais que
l'adage vise davantage le droit de réplique que
le pardon, mais c'est quand même logique, si on
considère ma combativité naturelle. Je suis de
ceux qui argumentent pas mal avant de « passer

mon chemin ». J'ai la riposte vive, quelquefois acide, et les raisonnements fumeux ou les théories approximatives ne trouvent pas grâce à mes yeux. Répondre, expliquer m'importent énormément. Voilà qui a probablement retardé mon accès au pardon.

Il me semblait que pour pardonner, il fallait que la personne en tort admette son erreur. Qu'il y ait une sorte de réciprocité ou du moins un échange entre l'acteur malveillant et la victime pardonnante.

À cet égard, je comprends parfaitement les enfants victimes d'abus des pensionnats catholiques québécois qui attendent le mea-culpa et les excuses sonores et formelles de leurs assaillants avant de pouvoir pardonner. Dans ce cas précis, la reconnaissance des abus peut enfin retirer le fardeau de la culpabilité qui pèse toujours sur les épaules des victimes de ce type de méfaits.

On a beau le répéter, tenter de les convaincre du contraire, les victimes d'abus sexuels se considèrent en quelque coin secret de leur être comme responsables des gestes outranciers qu'ils ont subis. C'est pourquoi une reconnaissance nette de la culpabilité est nécessaire. Et c'est encore plus essentiel quand il s'agit d'inceste, puisque l'amour du parent est plus grand que le respect de soi. Beaucoup d'enfants maltraités ont tendance à intérioriser les motifs de leur souffrance, à s'en rendre coupables.

Je n'ai pas eu de tels désastres intimes à pardonner dans ma vie, voilà sans doute pourquoi j'ai le loisir d'en parler et de creuser le sujet.

Mais je peux témoigner d'une chose : tant qu'on rend l'autre responsable de ce qu'on devient, on s'enferme dans une prison et on renonce à son libre arbitre, donc à sa liberté. Je ne dis pas que c'est facile de pardonner et de reprendre sa route, mais c'est indispensable.

Nous connaissons tous des gens qui ont cessé de vivre pour se fixer sur un seul moment — traumatisant, j'en suis sûre, et méritant son qualificatif d'horrible — qui bloque leurs actions à tout jamais. Tout, tout revient constamment à ce moment... et justifie l'inaction ou l'action paralysante qui répète sans cesse le moment-clé. À tel point que de victimes, ces personnes passent à bourreaux en gardant le souvenir vif et cuisant.

Pourquoi certaines personnes réussissent-elles à se sortir du supplice dont l'énoncé seul nous tue ? Parce qu'elles pardonnent.

Elles ne permettent pas, elles pardonnent.

Elles peuvent même renoncer à comprendre le pourquoi ou le comment. Elles pardonnent, point.

Elles laissent une chance à la blessure de se cicatriser. Elles cessent de jouer avec la croûte qui s'est formée et qui saignera si elles l'arrachent.

Je crois que j'ai enfin saisi le sens profond de pardonner quand j'ai cessé d'en référer à l'autre pour me concentrer sur mes actes. Ça ne m'empêche pas d'être en colère encore trop longtemps à mon goût, mais ça a l'avantage de me pousser vers la sortie. Parce qu'être une victime à vie ne m'intéresse pas. Agiter ce petit drapeau d'endurance ne m'offrira jamais assez de compensation pour la perte que je vois à être victime et à y consentir.

Entretenir un grief, c'est produire sa propre ciguë. Vouloir changer le cours des choses est inutile. La vie est comme l'océan : ses marées sont inévitables et essayer de les freiner est dérisoire.

Faire sa paix, en ses propres termes, avec soi et sans témoins, c'est le premier pas vers vivre libre.

Vieillir

Le vilain verbe que voilà! Le verbe impossible à regarder dans les yeux. Comme on s'en méfie, comme on le considère mal, celui-là. Et comme il nous semble rébarbatif.

Pourtant, pour une partie de l'humanité, c'est un verbe enviable qui ne risque pas de survenir. Tout le continent de l'Afrique est affligé d'une espérance de vie inférieure à la nôtre. La malaria, le sida, les virus et infections de toutes sortes sont parmi les dangers qui menacent la vie de ses habitants. Pour eux, vieillir veut dire atteindre cinquante ans.

Ici, dans le nord de l'Amérique, ce qui répand la terreur, ce qui glace d'effroi, c'est la manifestation visible du temps vécu.

On veut vivre vieux et avoir l'air jeune. On veut même vivre longtemps sans vieillir. On veut du temps, mais on veut aussi choisir de vitrifier l'apparence à un certain moment de la vie, celui de la jeunesse. On veut toute la longévité possible sans que celle-ci puisse être décodée en quelque endroit de notre corps.

Des visages lisses, dodufiés par des adjuvants, rendus illisibles pour ce qui est de l'âge et des émotions qui ne s'y inscrivent plus sont maintenant monnaie courante.

Pour plusieurs, cela s'appelle « prendre soin de soi » ou limiter les dégâts.

Parce que vieillir est une malédiction, apparemment évitable. Pourtant, la seule façon d'y arriver est de mourir jeune. Quelles que soient les promesses de la chirurgie esthétique.

Dans toute l'histoire de l'humanité, jamais — me semble-t-il — n'avons-nous assisté à une telle exécration de la vieillesse. Peut-être parce qu'elle nous est permise…

On la repousse, on la craint, on la pourfend, on la méprise. La vieillesse est devenue inadmissible. Et comme société, nous nous empressons de la repousser, de nous mettre à l'abri de cette vision horrifiante.

Si la société admirait ses vieux, les bichonnait comme des personnes précieuses parce que dépositaires d'un savoir acquis par l'expérience et la science, si elle en faisait des conseillers judicieux capables de nous éviter les redondances malheureuses de l'Histoire, ce serait le malheur de la chirurgie esthétique. Parce que camoufler une ride bienveillante, un léger affaissement qui témoigne de l'expérience vécue ne serait plus ajouter mais perdre de la valeur. Comme ce n'est pas le cas, on peut comprendre les gens de vouloir effacer la date de péremption — et non de rédemption — qu'ils ont sur le front.

Nous sommes en train de trafiquer un verbe noble en cauchemar. Parce que vieillir veut dire approcher de la fin, et ça, nous ne voulons plus le savoir et encore moins le voir. Nous avons perdu nos repères, nous voulons être jeunes éternellement et ne pas mourir. À n'importe quel prix.

Aujourd'hui, être vieux, c'est comme être transparent. On ne tient plus compte des gens âgés, on les bouscule parce qu'ils ne vont pas assez vite, on les interrompt parce qu'ils ne parlent pas assez fort ou assez clairement, on les enferme dans des poulaillers en leur promettant de venir les visiter, on les nourrit moins bien que les occupants de nos prisons et on se demande pourquoi ils persistent à vivre en étant devenus un tel fardeau, pourquoi c'est si long, alors qu'on voudrait — prétendument pour eux, pour leur fameuse «qualité de vie» — leur épargner les derniers degrés de l'abjection dans laquelle on les place avec soin. Oui, de l'abjection: offrir un bain par semaine à un Nord-Américain habitué à une norme plus élevée, c'est de l'abjection. Comme réduire la personne au port d'une couche — qu'on appelle gentiment une «culotte d'aisance» — parce que ce serait trop de travail de l'accompagner aux toilettes. Comme lui offrir des mets mous et non identifiables en ignorant le tremblement de leurs mains qui peinent à transporter la nourriture de leur plat à leur bouche. Comme les médicamenter non pas pour les soulager, mais pour les contrôler, les faire tenir tranquilles.

Avouons plutôt ce que nous considérons comme l'abjection absolue: vieillir, diminuer, ralentir, ramollir.

Dépendre des autres, avoir besoin de soutien pour entrer dans son bain, voilà qui est devenu une suprême humiliation. Tous les vieux ne sont pas dépendants, mais peu importe la nuance, le préjugé s'étend à tous. Nous avons été — et nous le sommes encore, parfois — une société sexiste, nous sommes maintenant en passe de devenir les champions de l'âgisme.

Phénomène incontournable ? Passage obligé ? Non et non. Une société qui condamne ceux qui l'ont bâtie témoigne avant tout d'aveuglement et de peur. Quiconque croit que la vieillesse est l'ennemi à abattre se tire dans le pied. La vieillesse est notre destination : à nous de la bien traiter.

Personne ne nous oblige à mépriser, ou même à ostraciser ceux qui ne vont pas à notre rythme infernal de jeunes affamés pressés. Personne ne nous ordonne de nous détourner devant le réel, l'inévitable de la vie : sa diminution. Personne, sauf la peur. Ce n'est pas anodin si on ne veut voir, entendre, considérer et respecter que la force de l'âge — la force étant ce moment du plein impôt, celui de l'absence de tout rabais pour la consommation, bref, une fois finies les études et avant la retraite.

On ne se rend même plus compte qu'on n'accorde pas d'importance aux gens âgés, on passe notre chemin, agacés par une vision désagréable qu'on s'arrange pour rendre éphémère. Si on demandait aux gens le pire cauchemar qu'ils envisagent, ils diront : vieillir. Et ça, c'est s'ils y pensent, l'idée étant tellement évacuée. Parce que vieillir veut dire disparaître avant sa mort. Aux yeux des autres. Puis aux siens propres. Enfermé entre quatre murs d'une maison où des gens en perte de diverses facultés se bercent frénétiquement, on peut comprendre que quelqu'un se demande à quoi il sert dorénavant. Mais attendre passivement la mort n'est pas du tout la fonction de la vieillesse. Ralentir, d'accord. Choisir ses activités, distinguer l'utile du futile, prendre le meilleur de ce qui reste à petites gorgées, oui. Mais attendre la mort ? Sûrement pas. Ou alors, nous avons réussi à défigurer le verbe.

Il suffit d'observer le lien d'affection inouï entre un enfant trisomique et ses parents pour comprendre que notre étalon de mesure de l'importance humaine est fautif ou dévié : sans payer d'impôts, cet enfant peut guérir presque toutes les plaies du cœur, cet enfant handicapé peut générer un bonheur total, authentique, et si grand qu'il dépasse ses impuissances. La même chose peut arriver avec une personne âgée.

Si au lieu de dire «les vieux», on voyait des personnes qu'on aime, qu'on respecte et qui nous soutiennent moralement même si leurs forces physiques déclinent, l'âgisme serait moins fréquent.

Mais cette menace de réduire un être humain au prix qu'il coûte à la société, sans égard aux sommes faramineuses qu'il a déposées dans la cagnotte, c'est une menace devenue réalité. Qui n'a pas entendu de ces commentaires assassins concernant l'inutilité de certains? Et quand, en plus, la vieillesse est accompagnée d'une dégénérescence qui rend la personne étrangère à sa propre vie, le commentaire devient carrément une incitation au meurtre déguisé en altruisme compatissant. Alors que la compassion dont on se réclame n'est que la projection de nos normes de personnes en pleine forme sur un âge qui nous glace de terreur.

Quelle société peut perdre le sens commun au point de maltraiter — traiter mal, au sens strict du terme — d'isoler et de mépriser ses sages? Parce que tous les vieux sont aussi des anciens qui ont vu neiger et qui n'ont pas tous une mémoire percée. L'œil ridé peut être vif et l'éclair qui le traverse n'a rien à voir avec la décrépitude.

Vieillir exige du courage, de la lucidité et... du panache. Devant une société en panique à l'idée de visualiser la totalité du verbe « vivre », il en faudra du panache pour ne pas s'incliner et aller se cacher.

Vieillir, c'est perdre, c'est vrai. De la vitalité, de la puissance, de la souplesse... et des amis, surtout des amis. Mais c'est aussi avoir assez de bagage intellectuel pour s'en servir. Avoir assez d'expérience pour ne pas s'enrager du temps que prennent les choses. Et avoir emmagasiné assez d'amour pour s'y réchauffer le cœur en hiver.

Ce n'est pas pour rien que vieillir arrive à la fin de l'histoire de vivre : il faut beaucoup de finesse, de courage et d'expérience pour bien le faire. Conseiller sans s'imposer. Écouter sans dicter.

Savoir que le chemin de chacun ne pourra être allégé par l'expérience qu'on a acquise (souvent à prix fort).

Pour bien vieillir, il faut savoir être seul et ne pas considérer la mort comme une ennemie ou une terreur. Deux choses bien difficiles et qui ne se gagnent pas en quelques mois.

Je ne voudrais pas que nous ayons tendance comme société à nous ficher des vieux et à les pousser à réclamer une mort rendue salutaire parce qu'ils sont traités de façon inhumaine. Ce n'est pas une voie obligatoire. Entourer, prendre soin et réconforter, voilà ce qui devrait être de mise avec ceux qui nous ont beaucoup donné. Et qui ont encore à offrir… si on prend le temps de les voir.

Et puisque l'égocentrisme est une réalité indiscutable, cette société bien-pensante et bien pressée devrait se dire qu'un jour elle goûtera à sa propre médecine. Si on traite les vieux comme des rebuts de la société, c'est ce que nous deviendrons un jour, à notre tour : des rebuts.

Une société en perte d'humanité, d'humanisme même, est une société perdue, quelle que soit sa sacro-sainte richesse. Et son produit intérieur brut.

Quand on efface son passé à grands coups de balai, on perd ses références et on devient des oublieux avant l'heure. Des oublieux sains d'esprit et en pleine forme.

Et tout ça pour ne pas entrevoir la chute du rideau... qui tombera quand même un jour.

Vieillir dans ma vie

Le spectre est arrivé dans ma cinquantaine : j'ai vraiment su qu'il y avait de l'irréversible dans ma vie.

Je sais que je peux ralentir le verbe avant qu'il ne me ralentisse, mais je ne pourrai pas l'éviter.

Vieillir — si je considère tous ceux qui sont morts jeunes et que j'aimais — n'est pas un pis-aller. C'est un privilège. Oui, il s'accompagne de manifestations indésirables, surtout vers le grand âge, dont la peur : celle de tomber, de n'être plus en mesure de demeurer chez soi, de perdre sa lucidité, sa santé. Mais cette peur peut s'amoindrir devant l'élan vital, l'amour, le plaisir et la passion.

La vérité, c'est que vieillir n'est pas une obli-gation. Je ne parle pas du Botox. Je parle de ceux qui s'arrêtent avant de perdre des forces, de ceux qui ne se projettent plus dans l'avenir, qui laissent le goût de vivre se flétrir par inconsistance et par inconscience.

Vieillir commence tôt pour certains.

J'ai la chance d'avoir eu une mère qui était née collée sur la génératrice d'énergie. Et elle m'a légué cette énergie extraordinaire.

Ma mère est morte jeune... à quatre-vingt-huit ans! Elle avait une façon de clamer ce chiffre qui venait de sa fierté — et de sa certitude — de ne pas paraître son âge. Elle disait souvent «le pauvre vieux» à propos de gens plus jeunes qu'elle. Et si on lui faisait remarquer que le pauvre en question avait dix ans de moins qu'elle, elle répondait: «Je sais bien! Y est vieux pareil et moi, je ne le suis pas encore.»

Ma mère n'est jamais devenue vieille. Elle avait une verdeur qui ne se limitait pas à son langage.

Je me souviens qu'un jour, alors qu'elle s'était levée précipitamment pour répondre au téléphone, je lui avais demandé: «Quel âge t'avais en te levant? Dans ta tête?»

«Pas plus que quarante-cinq, cinquante ans.»

Et elle en avait quatre-vingts!

J'ai toujours entretenu une urgence à vivre, convaincue que mon temps sur terre serait court. J'avais raison et tort. Je suis trop vieille pour mourir jeune, mais le temps, vu d'ici, n'a pas du tout la même teneur que vu de mon insolente vingtaine.

Le temps, en prenant de la longueur, apparaît de plus en plus court.

Je dois avouer que mes soixante et quelques années me paraissent à peine croyables. J'ai du mal à le croire. Et, franchement, je ne m'y applique pas beaucoup. Pour ce qui est du vieillissement, je n'ai qu'une règle : aujourd'hui, je suis le plus jeune que je serai jamais.

J'ai encore en mémoire l'insatisfaction de mes vingt ans devant mes défauts physiques et ma surprise, trente ans plus tard, de constater sur les photos que j'étais pas mal mieux que mon impitoyable jugement le laissait soupçonner. Je me méfie de la peur qui obstrue le jugement, et de la rigidité qui ne se situe pas uniquement dans les articulations.

Et puis, je cultive la gratitude. Dire merci, prendre conscience des chances qu'on a, de la beauté des choses aussi simples que la nature, les aurores et les gens bienveillants qui permettent de croire encore à une humanité généreuse. Je vois et je remercie. Je ne deviens pas rose de candeur ou de naïveté, j'entretiens ma lucidité avec les risques de corrosion du plaisir que cela comporte, mais je ne nie surtout pas le cœur ou la beauté quand ils traversent ma vie.

Je ne sais pas jusqu'où ma vie me mènera, mais aujourd'hui, je vis et je dis merci pour tout ce que j'ai.

Un souvenir précieux m'a montré le chemin. J'avais près de trente ans et j'assistais à un hommage qu'on rendait à l'écrivaine Françoise Loranger, alors très malade, en chaise roulante et attachée à une bonbonne d'oxygène. À la réception qui a suivi, je me suis accroupie devant elle pour lui dire à quel point j'estimais son travail et déplorais le peu de place qu'on lui accordait au panthéon des écrivains québécois.

Elle a tapoté ma main et a dit : « Quand vous vous sentirez trop seule, appelez-moi. »

Pas une plainte, pas un soupçon d'apitoiement ou de regret. Seulement ce regard attentif et cette générosité débordante. Cette grande dame n'était ni vieille ni dépassée. Elle m'a offert un immense cadeau. Et quand l'envie me prend de chipoter sur les bienfaits dont je bénéficie, je l'appelle. Elle est morte quelques semaines après cet hommage, donc depuis trente ans, mais elle me répond toujours en tapotant ma main avec une douceur pacifiante.

Enfin, je me suis demandé combien de gens sauteraient les deux verbes ardus dans ce livre… et je me dis que si on les évite, ces verbes demeureront pétrifiants au lieu d'être à vivre.

Aimer

Cinq lettres et une puissance fulgurante. Ce verbe si petit contient toutes les grandeurs.

Il est à la fois humble et exigeant.

Dostoïevski a écrit : « L'enfer, c'est d'être incapable d'aimer. »

C'est sûrement vrai.

Vivre sans aimer représente un échec retentissant. Faire le voyage les yeux fermés, quoi ! On peut vivre avec ou sans une pléthore de choses, d'actions, d'idées et de compagnons. Mais sans aimer ? Bonjour la sécheresse, la tristesse et la vacuité !

Le premier mouvement de l'être humain est de chercher quelqu'un, l'autre qui sera possiblement la mère ou qui en tiendra lieu. Ce premier lien est fondamental et déterminant. Dans l'absence de lien se tisse un comportement aussi fort que s'il y a un lien. La grosse différence, c'est que le verbe « aimer » sera généralement empêché de naître.

Être au monde sans aimer et sans ressentir l'amour est un premier enfer qui en entraîne d'autres, plus mortifères encore.

Il y a aujourd'hui — c'est une mode, mais ça en dit long — une forme de participation aux énoncés et aux photos placés sur les réseaux sociaux : on *like* ou pas. Et quand on *like*, on dit quelque chose de soi, de ses goûts, de sa famille élargie. On se révèle — en partie, mais quand même…

Le verbe s'est généralisé, démocratisé. Et son sens s'est allégé. Forcément, à partir du moment où il est mis à toutes les sauces, le verbe s'érode, perd de son acuité, de sa force d'impact.

Il y a eu un temps où dire « je t'aime » avait des conséquences importantes : la bague de fiançailles n'était pas loin et l'engagement était total. La tendance actuelle a changé : le temps infini n'est plus de mise. On espère pour la vie, mais rares sont ceux qui la traversent avec les mêmes personnes.

Le sens d'aimer s'est amoindri ou a évolué ? Les deux, sans doute.

Ce qui n'a pas changé, c'est la portée du verbe. L'amour est essentiel à l'être humain. Et celui qui en est dépourvu est taxé d'inhumain.

Revenons au nouveau-né. Le premier mouvement n'est pas d'aimer, mais d'être aimé. Instinctivement, l'animal s'oriente vers la protection, puisqu'il est incapable de se mettre lui-même à l'abri des dangers. Le bébé humain fait la même chose. Que l'on sorte ou non du ventre de la personne qui nous materne, le premier mouvement est l'attachement. Plus tard viendront les questions et les remises en question. Il est même démontré que les rondeurs et les charmes des corps de bébé, qu'ils soient humains ou animaux, font partie de ce que la nature a mis en place pour favoriser l'attirance et la protection de l'espèce.

Reste à grandir…

Que ce soit s'aimer ou aimer l'autre, le verbe ne perd aucune force. À chacune de ces formes, il a son importance et sa nécessité.

Tout d'abord vient s'aimer. Autant on peut exagérer dans ce sens et devenir odieux, autant la faiblesse de la forme pronominale empêche les deux autres formes — aimer et être aimé — d'exister. Comme si on parlait de courir avant de marcher.

Aimer sans s'aimer — du moins un minimum — c'est projeter sur l'autre un désir qu'on espère pour soi. C'est tenter d'ouvrir par l'entremise de l'autre une porte qui se trouve en soi. Bien sûr : *Tous les chemins mènent à Rome*, mais est-ce nécessaire de faire le tour du globe pour y arriver ? Surtout si on habite Florence...

S'aimer ne s'apprend pas en le désirant. Il faut y mettre du sien et du temps. Or, l'urgence d'être aimé peut facilement court-circuiter la besogne. On se précipite tête baissée dans une relation amoureuse alors qu'on arrive à peine à se supporter. On demande implicitement à l'autre de compenser nos faiblesses et de combler un gouffre sans fond. Et on s'étonne que la relation ne soit pas harmonieuse ! Le plus fréquent, c'est quand chacun des éléments du couple exige de l'autre cet amour qu'il n'arrive pas à éprouver pour lui-même. Additionner la misère à la pauvreté et espérer que le total sera la richesse, voilà ce que devient aimer sans s'aimer.

S'il n'y avait que cela pour brouiller les cartes…
ce serait jouable. Mais il faut compter avec la
sexualité qui réclame son dû d'extases et qui se
prend pour l'amour dès que le corps frétille.

À cela, la peur de la solitude s'ajoute et ne
pèse pas moins lourd dans l'équation.

Comment quelqu'un qui ne supporte pas sa
présence solo peut-il espérer devenir le trésor de
quelqu'un d'autre ? S'ennuyer et se craindre ne
constituent pas des avenues royales pour séduire.

Soyons clair : s'aimer ne veut pas dire s'admi-
rer follement, se prendre pour un as ou regarder
autrui comme de la valetaille. S'aimer, c'est se
connaître, faiblesses et forces incluses, s'admettre, faire la paix avec ses visées excessives
sans renoncer à s'améliorer, et se supporter —
au sens strict du terme de s'endurer et non pas
dans le sens dévié de se seconder !

Tout cela pour la simple raison qu'on n'offre
pas aux autres quelque chose qui nous est insou-
tenable en prétendant qu'il s'agit d'un cadeau.

Tout être humain solide sur ses pattes est en
mesure d'aimer.

Il n'est pas uniquement question du rapport
amoureux, même si ce rapport en fait grande-
ment partie.

Aimer la musique, son travail, la nature, les vins, les arts, les mots, les animaux, les astres, les oiseaux, l'infiniment grand, les loisirs, les enfants, ses enfants, la mer, le feu, le minuscule, voilà une partie des possibles et ça s'étend à l'infini des personnes capables de le faire. Et ce verbe se conjugue à des temps insoupçonnés.

Finalement, plus l'amour a d'objets et plus vivre prend de l'ampleur. Il y a des gens allumés que tout intéresse, tout fascine. Ces gens peuvent scruter un phénomène à peine regardable avec amour et fascination. Pensons aux scientifiques étourdis de bonheur devant une amibe…

Aimer, c'est un sésame qui ouvre tout : les yeux, l'esprit, le cœur, les bras et l'être entier. Tout comme son contraire — haïr — a tendance à fermer, à rigidifier et à exclure.

C'est un verbe universel qui détruit les barrières, fait reculer l'intolérance et pacifie.

Avec « aimer » vivent tous les autres verbes. Tous.

C'est un verbe œcuménique — même si ce terme transporte son lot de références religieuses, il demeure le plus exact pour évoquer l'action englobante d'aimer.

Dans un langage beaucoup moins châtié, aimer est comme le pain : il s'accommode autant du sucré que du salé. Bref, c'est toujours bon.

Comme le diamant est la pierre de référence qui permet d'évaluer la résistance de toutes les autres pierres précieuses, aimer est le verbe étalon pour mesurer la densité des autres.

Faisons l'exercice et accolons le verbe à ceux déjà répertoriés ici.

Aimer/Jouir
Couple idyllique, aucune explication nécessaire.

Aimer/Croire
Essentiel, parce qu'aimer sans croire à l'autre est quasi impossible.

Aimer/Exprimer
Jusqu'au silence gorgé de sens, aimer peut s'exprimer de toutes les façons.

Aimer/Respecter
Sans respect, l'amour devient une violence imposée et serait donc dénaturé, tordu.

Aimer/Douter
Aimer réveille les questions existentielles : qui sommes-nous ? Qui est l'autre ? Que produit la

jonction des deux? Aimer bouscule bien des doutes.

Aimer/Apprendre

Aimer contient des enseignements qu'aucun maître, aucun livre ne peut offrir. Aimer est un maître absolu puisque apprendre à travers ce verbe se fait de façon omnidirectionnelle, cœur, esprit et corps confondus.

Aimer/Quitter

Il faut que l'amour soit puissant pour arriver à quitter pour lui.

Aimer/Assumer

Si assumer se produit, c'est qu'il y a un minimum d'estime et d'amour.

Aimer/Espérer

Quand aimer se conjugue au passé, espérer devient un présent urgent. Quand aimer est au présent, espérer est couché au mitan de son lit tellement aimer est générateur d'espoir.

Aimer/Pardonner

Encore une association impérative qui n'exige aucune illustration tant elle est criante. Si on ne le sait pas déjà, aimer nous apprend à pardonner.

Aimer/Vieillir

Le seul verbe qui adoucit la difficulté de vieillir. Le seul verbe qui donne un sens à vieillir. Le poids de l'amour de toute une vie pour contrebalancer celui des adieux.

Aimer/Mourir

C'est avec son cœur et non avec sa science ou sa fortune sonnante et trébuchante qu'on se présente devant la mort. On meurt enveloppé de l'amour donné et reçu. C'est aimer et non compter qui tire la ligne pour arriver au total d'une vie. Vivre est exigeant, son armée s'appelle « aimer ». Pour bien mourir et mourir bien, il faut avoir aimé — quelqu'un, quelque chose, mais aimé.

Parmi tous les verbes, « aimer » est celui avec lequel tout commence et tout vit.

Il faut se méfier de ceux qui méprisent ce verbe — l'amertume et le ressentiment peuvent être leurs maîtres.

Ne pas aimer n'est pas seulement l'enfer de Dostoïevski, c'est un désert difficile à imaginer.

Ce doit être atroce à vivre.

Aimer dans ma vie

Mon prénom est l'anagramme du verbe « aimer »
— les mêmes lettres exactement, dans un ordre
différent. Est-ce pour ça que ce verbe m'habite
depuis toujours ? Non, bien sûr. Pour mes yeux
d'enfant et mon appétit d'affection, ne pas aimer
était impensable.

Si écrire est l'affaire de ma vie, aimer en est
l'encre.

C'est mon verbe premier, celui qui donne un
sens à tous les autres. Sans aimer, ne serait-ce
que l'odeur du premier café le matin, je me vois
mal continuer ou persévérer.

Aimer est aussi ma solution à plusieurs problèmes. C'est ce vers quoi je me tourne quand
j'ai l'impression que tout se retourne contre
moi. Aimer ne m'a jamais déçue. Et je n'ai
jamais regretté d'avoir aimé... même quand je
me suis trompée de direction.

Rien n'est à jeter dans ce verbe.

Et finissons-en avec la réciprocité : ce n'est pas nécessaire ou essentiel que l'amour soit partagé. C'est mieux, mais pas vital. Ça peut se pratiquer seul, aimer. On peut aimer quelqu'un qui ne nous aime plus. On peut aimer ce que la personne qu'on aime déteste — les poivrons, les sports extrêmes, un acteur — ce n'est pas une raison pour ne plus s'aimer.

Aimer est polyglotte et polyvalent, c'est une générosité qui ne compte pas les tours. Ce n'est pas loin d'être tout-puissant. À mes yeux, ça l'est.

Les premières personnes que j'ai aimées sont mes parents. Et c'était démesurément. J'ai bien peur que cet adverbe accompagne à jamais ce verbe dans ma vie. Je leur vouais un véritable culte, une vénération. Je ressentais leurs états d'âme au millimètre près, tant je les observais, les suivais même. Je devais être quelque chose à endurer avec mon amour pot de colle.

Évidemment, j'attendais, j'espérais un geste de reconnaissance, un éclair de réciprocité, quelque chose… qui aurait confirmé mon intérêt, si ce n'est mon importance.

Arriver au milieu d'une famille (trop) nombreuse a ses désavantages, le principal étant de ne pas faire office de nouveauté, mais de répétition et de supplément de travail. J'augmentais ce qui était déjà considéré par ma mère comme une charge — à raison d'ailleurs. Je l'écris sans chagrin ou tristesse : il faudrait être fou pour croire qu'une femme désire vraiment avoir un enfant par année sans discontinuer. Ma mère était catholique, mais sa foi a vacillé à mesure que les grossesses se succédaient. La mienne de foi aurait sombré bien avant.

C'est donc avec des ruses de Sioux qu'on attrapait l'attention attendrie — ou presque — de mes parents débordés. J'y arrivais parfois, mais le plus souvent, c'est avec des voisins, des inconnus que mon charme opérait. Je voulais de l'amour et j'allais le chercher là où il se trouvait. Avec insistance, si ce n'est avec insolence.

La dame qui habitait en face de chez nous n'avait pas d'enfant. Très vite, je suis devenue une habituée de sa maison. Son amour était infini, patient, généreux et rieur... toutes choses inconnues pour moi. Elle m'a initiée à la toute-puissance de l'amour. Elle m'enseignait par l'exemple. Grâce à elle, aux rouleaux de Chopin que je « pédalais » sur le piano mécanique et à son sucre à la crème, je me suis construite intérieurement, je suis devenue assez solide pour être en mesure d'aimer.

Et j'ai aimé comme elle me l'a montré — sans limites et avec respect. Cette femme adorable et timide a adopté trois enfants en réussissant à ne pas ébranler ma confiance : j'avais ma place, ils avaient la leur, immense, dans son cœur large comme un océan, son cœur capable de tenir tranquillement une intense comme moi et ses petits affamés d'amour.

Pourquoi le souvenir qui me revient est-il celui du jour de mes sept ans ? C'était un passage important, l'accès à l'âge de raison.

Madame Lajoie — c'est son nom, et c'est ce qu'elle était dans ma vie — avait fait mon gâteau d'anniversaire : un splendide lapin blanc, couvert de « poils » en *coconut*, avec des yeux rouges en cerises au marasquin. Je ressens encore sa timidité quand elle est arrivée dans notre cuisine avec ce dessert. Elle connaissait peu ma mère, je ne pense pas qu'elles aient jamais été assez proches pour échanger autre chose que des civilités. Ma mère ne m'a jamais parlé d'elle.

Ce gâteau, quand elle l'a posé devant moi, était l'incarnation même du mot « amour ». Je ne crois pas me souvenir d'un moment plus éblouissant pour moi : madame Lajoie qui a traversé chez moi pour m'apporter un lapin, alors que j'avais toujours été celle qui traversait vers elle.

C'est une des plus grandes chances qui m'est advenue : grâce à elle, grâce à cet amour généreux, j'ai intégré tout ce dont j'avais besoin pour grandir et aimer à mon tour.

Si j'ajoute à cette femme d'exception mes sœurs et mon frère qui, à des degrés divers mais chacun à leur façon, ont contribué à amplifier et à solidifier le verbe « aimer », je peux dire que j'ai beaucoup reçu.

Par contre, je ne peux pas dire que m'aimer — un peu — a été facile. Je ne suis pas très douée pour l'autoadulation et je n'ai jamais eu beaucoup de tendresse à mon égard. Je le regrette, dans la mesure où cette attitude est une dureté que je préférerais ne pas éprouver.

J'ai été lente à m'accorder de l'importance. Et même aujourd'hui, entre quelqu'un que j'aime et moi, il n'y a pas photo, comme on dit. L'unique attention que je me suis prêtée toute ma vie, c'est celle de protéger sauvagement mon écriture, de la mettre à l'abri de toute désertion, de toute distraction, en sachant que mon point d'équilibre se trouverait sous ma plume.

Et j'ai eu de la chance. Alors que depuis mes onze ans j'écrivais et qu'ensuite je tapais mes histoires sur la vieille machine à écrire du sous-sol, je n'en avais jamais parlé à mes parents, croyant la chose inintéressante pour eux. Quand, plus tard, au détour d'une interview, j'ai évoqué cela, mon père m'a appelée, estomaqué : « Tu écris ? Et on ne l'a jamais su ? »

Sa surprise et son intérêt m'ont permis de comprendre que l'écriture aurait pu être digne de son attention, que grâce à elle je serais arrivée à me distinguer à ses yeux. Ma chance, c'est de ne pas l'avoir deviné, parce que j'aurais troqué n'importe quoi pour lui plaire. Jamais je ne voudrais me trouver dans l'obligation de choisir entre ces deux verbes.

Aimer et écrire sont les pôles de ma vie… et je parle mieux d'aimer en écrivant.

Chacun de mes livres est un gâteau en forme de lapin que je pose devant le lecteur.

Mourir

Bien sûr qu'il est à vivre, ce verbe. Il est non seulement universel, mais il est souvent vu comme une forme de justice, puisque tout le monde y passe sans possibilité de négociations. Pas besoin d'être beau, fort, brillant, riche, doué ou courageux : mourir est offert à tous sans discrimination.

Et tous, on arrive à le faire seuls. Comme naître.

Les deux extrémités de la vie — et du verbe « vivre » — se passent dans une absolue solitude. Même si c'est quelquefois accompagné, on reste seul à franchir le pas.

Et tout le monde trouve la force de le faire, aussi étonnant que cela paraisse à première vue.

Comme on fait son lit, on se couche, voilà un proverbe qui pourrait aussi s'écrire « Comme on fait sa vie, on la quitte ».

Le dernier geste que l'on accomplit, le point final du dernier chapitre, cela nous appartient. Mourir n'est sûrement pas réjouissant à envisager, mais c'est un verbe qui aurait avantage à être examiné d'un peu plus près. Parce que la fin d'une vie la signe.

Chaque personne qui meurt quitte — quelquefois, c'est avec lucidité, d'autres fois c'est en panique ou alors en douceur.

Il y a une grande souffrance émotive à l'idée de laisser le monde, notre vie et ceux qu'on aime. Il y a une souffrance physique du corps qui termine sa course.

Pour la plupart d'entre nous, imaginer la fin est insupportable.

Pour plusieurs, la voir chez l'autre, y assister constitue une violence inadmissible.

La mort et mourir sont devenus obscènes. Ce qui signifie qu'on meurt de plus en plus seul et délaissé.

Quand on est en pleine forme, au cœur de l'action, on ne veut surtout pas être ralenti ou terrorisé par la vue d'une fin éventuelle. Et cette vision est imposée par la mort des proches.

Il y a sa propre mort et celle des autres. Ce n'est pas tant que l'une est plus dure que les autres, mais la négation et l'évitement peuvent condamner des gens à mourir non pas dans d'atroces souffrances, mais dans un isolement atroce. (Je ne souffre pas, mais j'ai mal.)

Mourir, c'est terminer son ouvrage, achever son marathon : certains y parviennent avec assez d'énergie pour parler, d'autres le font sur les rotules. Mais terminer son marathon est important.

Cesser de considérer la mort comme une traîtrise et un échec pourrait alléger le sort de tant de gens. Mourir est normal... c'est la fin annoncée depuis le début du premier chapitre. Comment réussissons-nous à en être non seulement étonnés, mais outrés ? Pourquoi est-ce si révoltant ?

Parce qu'on a peur. Parce que la panique l'emporte sur la tristesse. Parce que, devant la mort, on fuit et on angoisse. Ça ne nous rentre pas dans la tête. Même quand quelqu'un est effectivement mort, on n'arrive pas à s'en convaincre. Plus on multiplie les possibilités de fuite et plus la mort est difficile. On n'échappe pas à la sienne, mais à force de déguerpir devant celle des autres, on en vient à se condamner à mal vivre et à mourir en suppliant de ne pas le savoir. Parce qu'on laisse notre peur rendre la mort odieuse, alors que c'est la peur qui l'est.

Dire adieu est important, tant pour la personne qui meurt que pour celles qui en sont proches. Permettre aux gens d'être qui ils sont jusqu'au mot « fin » et quoi qu'ils soient n'est pas facile. Les taiseux ne deviendront pas loquaces et les peureux ne deviendront pas braves. Ce n'est pas un opéra où le dernier chœur va s'étirer dans une splendeur orchestrale. C'est un moment intense, parfois des mois intenses… et c'est du travail.

C'est dommage que la télévision et le cinéma nous aient fourni une sorte de fiction de la mort où — habituellement — ça se passe bien et vite. Surtout vite. La mort prend son temps et vivre jusqu'au bout quand on ne peut plus cacher l'issue, la déguiser ou la faire oublier, c'est tout un défi parce que ça semble toujours trop long. Pour les survivants, surtout. Pour le mourant, c'est une autre histoire. Il est étonnant de voir à quel point quelqu'un qui meurt, quelqu'un qui est physiquement pris en charge médicalement devient quelqu'un que les proches cherchent à contrôler en appelant ce contrôle de l'empathie, de la protection et même de l'interprétation.

Notre peur maladive de la mort nous pousse à protéger avant tout nos urgences de vivants. C'est humain : on ne veut pas souffrir… et on s'empresse d'appeler souffrance insupportable — et insurmontable — l'indispensable tristesse de mourir.

Plus vivre aura été riche et dense, plus il sera arrachant de quitter la vie.

Il y a toujours un moment où cet arrachement devient pressant pour ceux qui restent. Un moment où, malgré tout l'amour partagé, les vivants ont envie de se dissocier de l'autre et ne plus endurer la séparation. Respecter l'intégrité de ceux qui meurent, leur rythme, leur peur — et non les nôtres qu'on leur prête — et leur façon de faire, voilà qui est extrêmement exigeant.

Mais, même si l'exercice semble ardu, c'est un nécessaire apprentissage. Parce que vivre s'en trouve enrichi.

Le premier mouvement de tout vivant dans l'évaluation hypothétique de sa mort est de souhaiter en finir au plus vite, d'y aller franchement puisque c'est irréversible. Ça, c'est quand la mort est une théorie vague.

Personne ne peut prédire avec exactitude quelle sera son attitude devant la fin de sa vie. Il y a des surprises et elles sont rattachées à ce qu'on a fait du verbe « vivre ».

Notre façon de mourir est intimement liée à notre façon de vivre. Et elle ne sera définie que quand le moment surviendra. Inutile d'essayer d'imaginer comment on sauvera les meubles en cas d'incendie parce que ceux-ci ne nous sembleront peut-être pas si importants à sauver, une fois le feu pris. Si on veut bien mourir, on devrait s'inquiéter de bien vivre.

Devant la mort des autres, on a du mal à accepter, à quitter, à ressentir la perte en toute impuissance. On se débat, on voudrait argumenter, négocier, organiser l'affaire pour qu'elle soit à notre goût, à notre tempo. Alors, on se jette sur le seul contrôle qui est disponible, et c'est généralement celui du mourant. On réclame un apaisement de notre propre douleur de perdre — réelle — en la prêtant à l'autre qui, étant l'acteur principal de ce drame, voit l'affaire d'un tout autre angle.

Mais on ne règne pas sur la mort et il est impossible d'avoir moins mal de la voir arriver.

C'est ça, vivre : accepter qu'une chose si belle ait une fin. Ne pas en profiter pour condamner le moment ultime juste parce qu'il nous arrache les entrailles et nous brise le cœur. Tout comme aimer, vivre a son prix.

Souffrir de la fin signifie aussi qu'il y a eu quelque chose. Que serait une vie si, en se terminant, elle ne changeait rien ? Si elle ne dérangeait rien ni personne ?

Même une toute petite vie courte qui s'achève avant même de pouvoir se déployer peut rendre tristes à jamais ceux qui l'ont accompagnée.

Nous disparaîtrons de la surface de cette terre et — avec un peu d'espoir — cette terre continuera à tourner sans nous. Aussi inimaginable que cela puisse sembler.

L'essentiel est de vivre. Mourir viendra à son heure. Inévitablement.

Plus nous aurons vécu intensément, plus notre vie aura un sens à nos yeux et plus fermer le chapitre se fera dans une certaine paix teintée de tristesse et de gratitude.

Mourir dans ma vie

J'ai toujours dit que je voulais mourir « fatiguée morte », au bout de mon rouleau et sans une once d'énergie restante. Bref, je ne suis pas là pour m'économiser. Aussi bien dire que le jour où je mourrai, les gens autour de moi auront presque un soupir d'aise et pourront enfin se reposer.

Trêve de plaisanteries. L'idée de mourir, cette dure réalité, est dans ma vie depuis longtemps.

J'ai fréquenté ce verbe très jeune et ça m'a permis de l'admettre, de le respecter et de le regarder en face. Je ne dirais pas que c'est moins triste quand on en est conscient, mais c'est sûre-ment moins paniquant.

C'est aussi une grille d'analyse implacable : quand je n'arrive pas à me décider pour un pro-jet, je me demande ce que je ferais s'il me restait un ou deux ans à vivre. Serait-ce important, aussi essentiel que ça en a l'air? Les réponses viennent plus vite avec cette idée que le temps n'est éternel pour personne. Les priorités se dessinent nettement.

Chaque fois que ce verbe prend de l'actualité dans ma vie, c'est vivre qui répond et qui se met à galoper de toute urgence. À mes yeux, vivre est la seule réponse décente à mourir. Tant qu'on le peut, aussi intensément qu'on le peut, le cœur ouvert, les yeux vifs : vivre. À fond. Et si je voulais dire encore quelque chose en mourant, ce serait probablement : « N'oubliez pas de vivre. »

Si vous levez les yeux de cette page et que vous regardez ce qui vous entoure, la vie autour de vous, ses odeurs, ses bruits, sa luminosité, si vous pensez à ceux que vous chérissez, et si la chanson que votre mère vous chantait pour vous endormir vous revient en mémoire, vous prendrez le pouls de votre vie et de sa douceur. Chaque fois que je le fais, chaque fois que la conscience aiguë des bonheurs de vivre me traverse, je sais que je gagne un point sur la mort… si match il y a.

Mourir, c'est la finale d'une aventure qui a commencé bien avant. L'aventure compte plus que la dernière phrase… même si je la souhaite punchée.

Et quand la vie m'est difficile, quand elle me fait une crasse et que j'ai le cœur lourd, je m'efforce de faire l'inventaire de tous les bienfaits que j'ai reçus pour compenser et créer l'équilibre. Et je me permets de marcher plus lentement.

À mes yeux, la vie est un cadeau fabuleux et même les moments tristes servent à rendre les bonheurs encore plus colorés, plus savoureux.

Mon père est mort lentement. Ma mère, brutalement. Mon père avait peur. Ma mère… n'en a pas eu le temps. Elle soupirait parfois devant sa vitalité en prétendant que «le bon Dieu l'avait oubliée», mais je n'en croyais pas un mot. Elle le disait pour me voir réagir. En espérant qu'un éclair de désolation traverserait mon regard. C'était toute une actrice, ma mère! Tout un personnage. C'était une vigoureuse, une énergique et une péremptoire: la mort a sûrement dû se dire qu'il fallait aller vite, sinon elle aurait rebondi.

Mon père, que j'aimais profondément, m'a permis de l'accompagner dans son difficile chemin vers la mort. Il m'a appris quelque chose d'essentiel : consentir à son rythme, l'aimer jusque dans sa peur, son déni, et tenir sa longue main abandonnée dans la mienne. Il a passé deux mois aux soins palliatifs, ces rares endroits où la mort est considérée comme un moment essentiel à vivre, deux mois pendant lesquels je restais près de lui la nuit.

Nous parlions. Lui, cet homme à la fois blagueur et pourtant réservé quant il s'agissait de sujets intimes, m'ouvrait toute grande la porte, et j'avais accès à son cœur désolé. Il avait confiance. Quelquefois, on écoutait de la musique sans rien dire, d'autres fois on discutait. Souvent, il dormait et ne se réveillait que pour constater ma présence et se rendormir, rassuré. Être près de lui m'importait plus que tout. Sa foi vacillait devant la mort, son inquiétude prenait beaucoup de place et, en même temps, il saisissait chaque instant pour ce qu'il était : de la vie en compagnie des siens. On a beaucoup ri aussi pendant ces nuits.

Ses dernières paroles ont été : « Mais qui va me ramener chez moi ? », et j'ai répondu « Moi, papa », en pensant que le garder près de mon cœur serait chez lui.

Ces heures passées à ses côtés ont été plus gratifiantes qu'exigeantes. Pourtant, c'était une mort infiniment lente.

Cet homme qui posait sa longue main sèche contre mon visage m'avait donné la vie et il m'offrait l'expérience de la mort accompagnée. Ces heures ont compté bien davantage que tous les discours qu'il a pu me servir dans sa vie.

Quand j'étais très petite, la mort me fascinait. Je me rendais bien compte que toute question la concernant obtenait une réponse précipitée, incomplète et fermée. Terrain interdit aux enfants. Je ne comprenais pas, et ça m'énervait.

Où vont les gens quand ils sont morts ? Pourquoi tout à coup ils ne bougent plus, ne respirent plus ? Et où va ce qui était en-dedans d'eux qui les faisait se lever, rire et hausser les sourcils ? Je me souviens d'avoir guetté les mouvements de mon premier « corps » — on appelait ça « aller au corps » quand on allait

rendre hommage à un défunt au salon funé-
raire — dans son cercueil avec tant d'intensité
que j'ai presque cru le voir remuer impercep-
tiblement.

Si aucun mort n'a jamais bougé, je n'ai pas
changé pour autant : même en eux, j'ai cherché
la vie. Les cimetières sont encore des lieux que
je fréquente et que j'aime. Je me promène dans
le souvenir de toutes ces vies que je peux imaginer en lisant sur la pierre tombale un nom et
deux dates : celles des deux actes solitaires de
nos vies. Ces deux dates dont nous avons tous
la bravoure, sans avoir à en décider.

Naître et mourir.

Et entre les deux, notre immense responsabilité : celle de vivre.

À vous

«Vivre» est derrière chacun de ces verbes et il les accompagne tous.

Vivre est la référence absolue et l'unique réalité commune de chaque être humain.

Nous ne sommes pas seuls sur une île déserte.

Je ne sais pas ce que serait mon évaluation de tous ces verbes dans dix, vingt ans, mais je sais que malgré les années qui ont passé, ils sont demeurés stables pour ce qui est du sens et ils ont oscillé pour ce qui est de l'interprétation.

Quelquefois, il faut que la vie nous terrasse pour nous pousser à réfléchir et à soupeser nos décisions passées et nos choix de vie. Il arrive aussi que nous changions de cap, pour la simple raison que le fameux nord de notre boussole s'était égaré.

Se tromper n'est vraiment pas si grave… si on en sort et si on rétablit notre vérité.

À ce propos, mes verbes peuvent différer des vôtres, et j'ai pensé laisser quelques pages à ce livre pour vous permettre de faire le tour de votre jardin.

À votre manière, à votre rythme.
C'est votre tour.
Pour intensifier le verbe « vivre ».

ML